Elisabeth Jünemann / Gerhard Kilz (Hg.)

Die Zehn Gebote – Orientierung für gerechte Strukturen

Elisabeth Jünemann / Gerhard Kilz (Hg.)

Die Zehn Gebote – Orientierung für gerechte Strukturen

Für eine menschenwürdige Kultur in wirtschaftlichen, sozialen und politischen Organisationen

BONIFATIUS

Imprimatur. Paderbornae, d. 28. m. Maii 2009
Nr. A 58-21.00.2/829. Vicarius Generalis Alfons Hardt

Bibliografische Information der Deutschen Nationalbibliothek
Die Deutsche Nationalbibliothek verzeichnet diese Publikation in der Deutschen Nationalbibliografie; detaillierte bibliografische Daten sind im Internet über http://dnb.ddb.de abrufbar.

FSC Mix
Produktgruppe aus vorbildlich bewirtschafteten Wäldern und anderen kontrollierten Herkünften
www.fsc.org Zert.-Nr. IMO-COC-027574
© 1996 Forest Stewardship Council

763-53373-0609-1093
klimaneutral gedruckt

Dieses Buch wurde klimaneutral hergestellt. Die bei der Produktion unvermeidlich anfallenden CO_2-Emissionen wurden durch den Ankauf von hochwertigen Zertifikaten neutralisiert. Diese werden in geeignete Projekte zur Reduktion von CO_2 in Entwicklungsländern investiert. Das verwendete Papier ist mit dem FSC-Siegel versehen, da ein großer Teil der Rohstoffe aus verantwortungsvoller Waldbewirtschaftung stammt. Der Druckvorgang erfolgte ohne den sonst üblichen Einsatz von Industriealkohol. Es wurde mit mineralölfreien Skalenfarben gedruckt. Die Senkung der Emissionen und des Energieverbrauchs sind wichtige Schritte zur Verbesserung der Umweltbilanz.

Umschlagbilder:
Marc Chagall, „Moses mit den Gesetzestafeln“, Bible, 1956
© VG Bild-Kunst, Bonn 2009
dpa Picture-Alliance GmbH

Umschlaggrafik: Christian Knaak, Dortmund

ISBN 978-3-89710-439-6

Gesamtherstellung:
Bonifatius GmbH Druck · Buch · Verlag Paderborn

Inhalt

Elisabeth Jünemann und Gerhard Kilz
Vorwort der Herausgeber 7

Rainer Dillmann
Die Freiheit bewahren – Anmerkungen zum Dekalog aus exegetischer Sicht 10

Elisabeth Jünemann
Das erste Gebot: Du sollst neben mir keine anderen Götter haben 29

Kai G. Sander
Das zweite Gebot: Du sollst den Namen Gottes nicht verunehren 42

Elisabeth Jünemann
Das dritte Gebot: Du sollst den Feiertag heiligen 53

Christopher Beermann
Das Vierte Gebot: Du sollst deinen Vater und deine Mutter ehren 67

Martin Hörning
Das fünfte Gebot: Du sollst nicht töten 79

Gerhard Kilz
Das sechste Gebot: Du sollst nicht die Ehe brechen....... 93

Werner Wertgen
Das siebte Gebot: Du sollst nicht stehlen..................... 106

Albert Lenz
Das achte Gebot: Du sollst nicht falsches Zeugnis reden gegen deinen Nächsten.................................... 125

Gerhard Kilz
Das neunte Gebot: Du sollst nicht nach dem Haus deines Nächsten verlangen 143

Elisabeth Jünemann
Das zehnte Gebot: Du sollst nicht nach der Frau deines Nächsten verlangen 155

Martin Engelbrecht
Der Dekalog in Organisationen – Die Implementierung von Gerechtigkeit.. 169

Verzeichnis der Autorinnen und Autoren 176

Vorwort der Herausgeber

In Organisationen rechnet man mit Gerechtigkeit, in allen Organisationen; in den Wirtschaftsunternehmen genauso wie in den sozialen Unternehmen. Die Unberechenbarkeit von Entscheidungen soll gemildert werden. Das Risiko rein „funktionaler“ und dann vielleicht „unmenschlicher“ Entscheidungen soll minimiert werden. Möglichst verlässlich, denn: Nur das Unternehmen, das eine verlässliche Vorstellung von Gerechtigkeit hat, kann eine Vertrauenskultur aufbauen. Eine Unternehmenskultur, die auf Vertrauen baut, ist in der heutigen multioptionalen Gesellschaft notwendiger denn je. Je vielfältiger die Optionen, desto größer die Freiheit. Aber je größer die Freiheit, desto größer auch das Risiko, sie wieder zu verlieren. Die zahlreichen Unternehmenskrisen in der Wirtschaft, im Gesundheits- oder im Sozialwesen zeugen davon.

Ein Management, das über moralische Kompetenz verfügt, über orientierende Vorstellungen, was der Mensch zum guten Leben unter gerechten Bedingungen braucht und wie die zu konkretisieren wären, grenzt dieses Risiko jedoch ein. Ein solches Risikomanagement durch Moral betreiben seit Jahren die Unternehmen, die auf „Compliance“ setzen. Sie verpflichten sich, ein System einzurichten, das gewährleistet, dass sich alle am Unternehmen Beteiligten an festgelegte Rahmenbedingungen halten („to comply“ = befolgen, erfüllen). Man legt Leitbilder, Standesregeln oder Verhaltenskodizes („Codes of Conduct“) fest und kommuniziert sie. Man kommuniziert Werte: „Diese Werte sind uns wichtig.“ Das tatsächliche Orientieren an diesen Werten können Kunden, Mitarbeiter oder Aktionäre nicht vor Gericht einklagen. Aber dort, wo Organisationen sich an die kommunizierten Werte nicht halten, bieten sie freiwillig Ansatzpunkte für massive Kritik. Intern und extern.

Organisationen verpflichten sich auf eine Moral. Unternehmen, Einrichtungen, Häuser geben auf die Frage nach dem, was für den Menschen gut ist und ihm gerecht wird, eine eindeutige Antwort. Im allgemeinen Reden von Werten, von Normen und von dem richtigen Verhalten, im allgemeinen Diskurs der verschiedenen Moralen, sprechen sie

von gültigen Kriterien für eine verlässliche und verbindliche ethische Entscheidung. Sie halten ein Programm vor, nach dem verbindlich das eine als „gut“ und „gerecht“ geachtet, das andere als „böse“ oder „ungerecht“ missachtet wird.
An jedem Ort, an dem viele Kulturen, Religionen, Generationen, Berufe zusammenkommen, gibt es viele Programme, unterschiedliche moralische Programme. Zunächst nebeneinander (er denkt so, sie so ...) und spätestens dann, wenn die verschiedenen, miteinander konkurrierenden Moralvorstellungen in einer konkreten Situation aufeinandertreffen, treten Moralen und Moralprogramme gegeneinander an. Moral braucht kritische Reflexion und Personen, die dafür stehen, dass die stattfindet. Personen, die die basalen Entscheidungen treffen – auch die für ein Moralprogramm.
Moral braucht ein Programm. Darum geht es. Um die Orientierung an Moral als einem bestimmten System von Werten und den entsprechenden strukturellen und habituellen Konsequenzen. Um eine begründete Antwort auf die Fragen der Mitarbeiter aller Entscheidungsebenen genauso wie auf die Fragen der Kunden oder der Geschäftspartner nach dem Guten und Gerechten. Eben um orientierende Vorstellungen, was der Mensch zum guten Leben unter gerechten Bedingungen braucht und wie die zu konkretisieren wären.
Moralische Programme werden von Religionen vorgehalten. Religionen vermitteln verlässlich orientierende Vorstellungen vom Guten und Gerechten; zum Beispiel und vor allem die jüdisch-christliche Tradition: Am Anfang der Geschichte Gottes mit den Menschen steht da die Befreiung, die neue Freiheit. Am Anfang steht der Gott, der sein Volk befreit und das Volk, das sich von Gott in die Freiheit führen lässt, auf sein Wort hin: „Es sprach der Herr: Ich habe das Elend meines Volkes in Ägypten gesehen, und ihre laute Klage über ihre Antreiber habe ich gehört. Ich kenne ihr Leid. Ich bin herabgestiegen, um sie der Hand der Ägypter zu entreißen und aus jenem Land hinauszuführen in ein schönes, weites Land, in ein Land, in dem Milch und Honig fließen ...“ (Ex 3,7-8).
Vor der Moral steht die Freiheit: Auf Gottes Wort hin brach

das Volk auf in die Freiheit. Ein riskanter Aufbruch, ein Aufbruch in eine neue, unsichere Zukunft, in eine Freiheit, mit der nicht leicht umzugehen ist, in die sich noch keiner geübt hat. Das Volk Israel stellt sich der neuen, riskanten Freiheit. Man geht den Weg in die Freiheit auf die Verheißung Gottes hin, der sich erklärt als der befreiende Gott. Das Volk Israel hat das erfahren: Man hält die geschenkte Freiheit nicht durch Freiheit beschneidende Sicherheiten, nicht durch Beobachten und Bewachen, nicht durch Kontrollieren und Reglementieren. Die Herrschaft der einen über die anderen führt nach Ägypten zurück, in die Sklaverei, in die Unfreiheit, in die Gottesferne. Es gibt einen anderen Weg. Gott hat ihn seinem Volk gewiesen – in den 10 Geboten des Alten Testamentes.
Die Zehn Gebote des Alten Testamentes bieten zehn Wegweisungen in ein freies Leben. Zehn Orientierungen, wie in riskanten Zeiten die von Gott geschenkte Freiheit zu halten ist. Zehn Orientierungen zum Schutz von zehn sensiblen Freiheitsräumen in zehn Situationen riskanter Freiheit. Damals, vor 3 000 Jahren, nach dem Auszug aus Ägypten, in der Situation neuer unbekannter Freiheiten und ihrer Risiken für das kleine Volk Israel, das sich auf den Weg macht, das von Gott verheißene Leben in Freiheit zu leben. Heute, in einer multioptionalen Gesellschaft, in der Situation immer größerer Freiheiten und ihrer Risiken für Organisationen, die sich auf den Weg machen, in allen Bereichen, in allen sozialen Systemen, im Privaten, im Sozialen, Wirtschaftlichen oder Politischen das von Gott geschenkte Leben in Freiheit zu leben.
Kollegen der unterschiedlichen wissenschaftlichen Disziplinen mit Kompetenzen in den unterschiedlichen Praxisbereichen kommen in diesem Buch zu Wort, um in der Summe ihrer Beiträge deutlich zu machen, dass und wie die Zehn Gebote des Alten Testamentes heute wirtschaftlichen, sozialen oder politischen Organisationen Orientierung geben für gerechte Strukturen und eine menschenwürdige Kultur.
Unser Dank gilt Frau Mathilde Tepper, die sich mit großer Sorgfalt um die formale Gestaltung der Texte gekümmert hat.

Elisabeth Jünemann / Gerhard Kilz

Rainer Dillmann

Die Freiheit bewahren

Anmerkungen zum Dekalog aus exegetischer Sicht

Überlieferung des Dekalogs

Der Dekalog ist in der Bibel in zwei unterschiedlichen Fassungen überliefert: im Buch Exodus (Ex 20,2-17) und im Buch Deuteronomium (Dtn 56-21). Im Buch Exodus wird der Dekalog im Kontext des Sinaigeschehens überliefert. Dort nimmt er unter den Gesetzestexten eine Sonderstellung ein. Er ergeht unmittelbar als Wort Gottes (vgl. Ex 20,1) und steht allen anderen Geboten voran, die von Mose vermittelt werden. Diese haben somit gleichsam den Charakter von Ausführungsbestimmungen (vgl. etwa das Bundesbuch). Im Dtn hat der Dekalog den gleichen Rang. Auch hier ist der Dekalog ausdrücklich Wort Gottes; alle nachfolgenden Gebote haben den Charakter von Ausführungsbestimmungen. Dieses Verhältnis des Dekalogs zu den übrigen Gesetzen hat Lohfink als „eines von der Art ‚Grundprinzipien und Explikation'" bezeichnet.[1]
Die frühere Forschung war darum bemüht, den Dekalog oder wenigstens seine Urfassung möglichst auf Mose selbst zurückzuführen. Diese Versuche gelten heute als gescheitert. Die sententia comunis lässt sich etwa wie folgt zusammenfassen: „Der Dekalog wurde den übrigen Rechtstexten erst nachträglich vorgeordnet und stellt ursprünglich eine in sich geschlossene Einheit dar". [2] Er stammt kaum aus früher Zeit, sondern ist eher eine späte Zusammenstellung. „Seine vorliegende Gestalt reicht ... kaum in die vorexilische Zeit zurück".[3]

---

[1] Lohfink, N.: das Alte Testament, 227.
[2] Schmidt, W.: Die Zehn Gebote, 25.
[3] Ebenda 26. Nach einem neueren Versuch, die Entstehung des Dekalog zu erklären, richtet sich dieser an die Rückkehrer aus dem Babylonischen Exil; im Zentrum des Dekalogs steht der

Allerdings ist davon auszugehen, dass die Gestalt einzelner Gebote älter als die Zusammenstellung der ganzen Reihe ist. Darauf weisen folgende Indizien:

- Die Selbstdarstellung JHWHs mit der Herausführungsformel verknüpft mit dem ersten Gebet findet sich bereits in Hos 13,4.
- Die Anklage in Hos 4,1-3 hat terminologische Gemeinsamkeiten mit mehreren Dekaloggeboten, ebenso die Zusammenstellung in Jer 7,9.
- Der Weheruf in Micha 2,2 erinnert an das 10. Gebot.

In der Exegese ist allerdings weiterhin umstritten, welche Fassung des Dekalogs die ältere ist. Während die Mehrzahl der Forscher die Exodusfassung für die ältere hält, möchte Hossfeld dies der deuteronomischen Fassung zubilligen. Ein wichtiges Argument für Hossfeld ist die Fassung des Sabbatgebotes – im Dtn hat es eine soziale Begründung, in Ex eine theologische, die Gen 2,1-3 entnommen ist. Aus dem Dtn – so Hossfeld – sei der Dekalog bei der Endredaktion des Pentateuchs in den Sinaikomplex eingearbeitet worden.[4] Letzte Sicherheit lässt sich in dieser Frage wohl kaum mehr gewinnen.
Der Dekalog wendet sich von Haus aus an rechtsfähige Erwachsene. In Israel waren dies aufgrund der patriarchalen Gesellschaftsordnung in der Regel Männer. Indem in der Katechese Kinder zum bevorzugten Adressatenkreis werden, besteht die Gefahr, den Dekalog zum Erziehungsmittel umzufunktionieren und Gehorsam einzufordern.

„Frevel der Väter“, d. h. die „Missachtung der Alleinverehrung des einen Gottes“ vgl. Lang, B.: Die Zahl Zehn und der Frevel der Väter.
[4] Vgl. Hossfeld, F.-L.: Der Dekalog, 284.

Eigenarten des Dekalogs

Der formale und inhaltliche Charakter des Dekalogs kann in sechs Punkten zusammengefasst werden:

1. Die Gebote sprechen den Einzelnen als Glied einer Gemeinschaft an. Die Anrede ist immer an Einzelne gerichtet (Du, dein!); nur im Prolog wird das Volk als ganzes angesprochen.

2. Die Gebote sind knapp formuliert; sie erfassen verschiedene Bereiche des Lebens und sind so zusammengestellt, dass man sie gleichsam an 10 Fingern abzählen kann.

3. Die Gebote erheben den Anspruch absoluter Gültigkeit; sie sind nicht nur für bestimmte Lebenssituationen formuliert. Alt sprach deshalb vom „apodiktischen Recht“ im Gegensatz zum kasuistischen Recht.[5] Der Dekalog bleibt allgemein-grundsätzlich. Er berücksichtigt die vielschichtige und komplexe Situation des Alltags nicht; er fordert vorbehaltlos.

4. Der Dekalog enthält keine Angaben über Rechtsfolgen und keine Strafandrohungen. Die Gebote sind keine Rechtssätze im strengen Sinn; sie dienen nicht der Gerichtsbarkeit. Sie sind Verhaltensregeln, Anweisungen für das Leben; eher Ethos statt Recht. Das Fehlen von Strafbestimmungen dürfte eine entscheidende Voraussetzung dafür sein, dass der Dekalog über Jahrhunderte hinweg bis heute beachtet wurde und wird.

5. Der jetzige literarische Kontext – sowohl im Buch Exodus wie auch im Buch Dtn – versteht den Dekalog als Wort Gottes an Israel. Er ist also nicht für die Menschheit als ganze gedacht, sondern für die Menschen, die sich in Gemeinschaft mit diesem Gott wissen. Vor allen Geboten steht die Aussage über das zuvorkommende Handeln Gottes an Israel. Erst aus diesem Handeln Gottes erwächst die Verpflichtung; aus der Vorgabe die Aufgabe. Weil der Mensch Gottes Handeln erfahren hat, wird er auf sein eigenes Handeln hin angesprochen (Ich, JHWH, *dein* Gott!). Der Dekalog richtet keine Autorität auf; er will vielmehr das bereits bestehende Verhältnis zu diesem Gott ordnen

---

[5] Vgl. Alt, A.: Ursprünge, insbesondere 227-255

und bewahren. Er schafft nicht Gemeinschaft, sondern hält sie aufrecht. Der Dekalog ist „die Lebensordnung derer, die Zuwendung und Befreiung erfahren haben".[6] Die Erinnerung an die Befreiung erweist sich als ‚Wesensbeschreibung' dieses Gottes.

6. Der Dekalog ist somit keine Proklamation allgemeiner Menschenrechte; er formuliert die Grenzen eines bestehenden Gottesverhältnisses. Deshalb sind die Einzelgebote negativ formuliert; es sind nicht Gebote, sondern Verbote; nicht Mahnungen, sondern Warnungen. Die Gebote umschreiben das Gottesverhältnis, „sprechen aus, was innerhalb dieses Raumes nicht möglich ist, bezeichnen die Übertretung, das Ende der Gottesgemeinschaft".[7] Mögliche, aber nicht faktische Handlungen werden beschrieben.

Der Dekalog umfasst eigentlich 11 Gebote. Die Zahl 10 ist jedoch eng mit dem Dekalog verbunden. Innerhalb des Dekalogs finden sich insgesamt 10 Belege für JHWH und 10 Belege 10 Gott (elohim).[8] Im weiteren literarischen Kontext wird die Zahl 10 bereits in Dtn 4,12-13 und Dtn 10,4 genannt. Seit der rabbinischen Zeit hat sich der Ausdruck Mjrdh vrcA (Zehn Worte) als terminus technicus eingebürgert.

Zum Prolog und den einzelnen Geboten

Prolog

Ich bin Jahwe, dein Gott, der dich aus Ägypten geführt hat, aus dem Sklavenhaus.[9]

In der Katechese wurde und wird der Prolog weitgehend vernachlässigt. Dies zeigt ein Blick in den Großen Katechismus von Martin Luther wie auch in den Katechismus der Bistümer Deutschlands von 1955. Im Großen Katechismus von Martin Luther fehlt der Prolog ganz, im Kate-

[6] Schmidt, W.: Die Zehn Gebote, 22.
[7] Ebenda.
[8] Vgl. Lang, B.: Der Frevel der Väter, 25.
[9] Im Folgenden wird das jeweilige Gebot nach der Einheitsübersetzung zitiert.

chismus der Bistümer Deutschlands von 1955 lautet er: „Ich bin der Herr, dein Gott“. Es fehlt der alles entscheidende Relativsatz „Ich bin JHWH, dein Gott, der dich aus Ägypten geführt hat, dem Sklavenhaus“ (Ex 20,2). In der deutschen Katechismustradition bringt lediglich der Heidelberger Katechismus den vollen Wortlaut des Prologs verknüpft mit dem ersten Gebot: Ich bin der HERR dein Gott, der ich dich aus dem Ägyptenland, aus dem Diensthaus geführt hat.

Der Prolog stellt auf diese Weise einen Bezug zur erfahrenen Gegenwart der Angeredeten her. Das Sklavenhaus bzw. „Haus der Dienstbarkeit“[10] steht als Bild für diese Gegenwart. Im Gegensatz dazu steht das von Gott verheißene und geschenkte Land (vgl. Dtn 8,7-13). Aus dem Sklavenhaus befreit sein heißt: auf eigenem Grund und Boden wohnen, den Reichtum genießen, frei sein von Fronarbeit und Sklaverei.

Es geht in diesem Prolog nicht nur um eine Selbstvorstellung oder Selbstidentifikation Gottes. Vielmehr setzt er voraus, dass die Angeredeten Befreite sind und als solche werden sie angesprochen, d. h., sie werden „von ihrer Freiheit her definiert“.[11] Zwar ist die Beziehung JHWH – Israel konstitutiv für den gesamten Dekalog. Aber die Herausführung AUS Ägypten; dem Sklavenhaus, „als ein In-Freiheit-Setzen ist die Voraussetzung für die Beanspruchung durch die Gebote“.[12] Für Israel besteht auch die Möglichkeit, diese Beziehung zu gefährden oder sogar sie zu beenden.

Im Prolog werden die Adressaten somit auf ihre real erfahrene Freiheit hin angesprochen. Diese Freiheit verdanken sie JHWH. Damit wird die konkrete Situation sozial und theologisch gedeutet: JHWH ist der Gott, der in die Freiheit geführt hat. Das „Herausführen aus dem Sklaven-

---

[10] So die Übersetzung von Buber, M. vgl. Die fünf Bücher der Weisung, verdeutscht von Buber, M. gemeinsam mit Rosenzweig, F., Darmstadt 1997, zur Stelle.

[11] Dohmen, C.: Exodus, 103; vgl. auch Crüsemann, F.: Bewahrung der Freiheit, 38f.

[12] Ebenda.

haus" ist gleichsam eine Selbstdefinition Gottes. Solches Handeln macht sein Wesen aus.
Freiheit darf hier keinesfalls spiritualisiert werden. Vielmehr hat die Freiheit eine reale, materielle und soziale Grundlage. Diese Freiheit ist ausschließlich in der Beziehung zu diesem Gott begründet. Sie lässt sich adäquat mit dem Begriff der „kommunikativen Freiheit" umschreiben, d. h.: JHWH wird von Israel nicht als Grenze erfahren, sondern als Bedingung der Möglichkeit seiner Selbstverwirklichung. Die Bewahrung der Freiheit ist das Thema des Dekalogs.[13] In der englischsprachigen Forschung werden zwei Begriffe gebraucht, die dies gut auszudrücken vermögen und zugleich auch das Verhältnis des Prologs zu den Geboten umschreiben: ‚getting in' und ‚staying in'.

- getting in – der Raum der Freiheit wird von Gott ohne Vorbedingung geschaffen; dies drückt sich aus in der Herausführungsformel: „der dich aus Ägypten geführt hat, aus dem Sklavenhaus.
- staying in – nennt die Bedingungen der Möglichkeiten, um diesen Raum der Freiheit zu leben

Der Prolog formuliert das ‚getting in', die Einzelgebote des Dekalogs dagegen formulieren das ‚staying in'! Auf diesem Hintergrund sind die Einzelgebote zu verstehen. Wer den Prolog weglässt oder verkürzt, verfälscht die Aussage des Dekalogs und macht dieses selbst zur Voraussetzung der Gottesbeziehung.

[13] Vgl. Crüsemann, F: Bewahrung der Freiheit,

Erstes Gebot[14]

Du sollst neben mir keine anderen Götter haben.

Das erste Gebot ist im Kontext eines Polytheismus formuliert. Der Polytheismus spricht nicht vom Wesen Gottes, sondern davon, wie Gott von den Menschen in einem bestimmten Lebenszusammenhang erfahren wird. Weil es viele Erfahrungen gibt, gibt es auch viele Götter. Der Polytheismus ist tolerant, JHWH aber lässt keine anderen Götter zu. Er tritt als El qana auf, als „eifersüchtiger Gott". Lang übersetzt deshalb das erste Gebot: „Du sollst neben mir keine Götter haben". Da elohim bereits Plural ist, ist nach Lang die Formulierung elohîm aharîm (= andere Götter) die einzige Möglichkeit der hebräischen Sprache, den Plural auszudrücken.[15] „Wenn Israel also die Verehrung anderer Götter verboten wird, dann wird ihm verboten, andere Weisen der Begegnung mit Gott zu versuchen".[16] Ein solches Gebot hat nur dann Sinn, „wenn die mit Jahwe gegeben Gotteserfahrung etwas enthält, was die mit anderen Göttern gegeben Gotteserfahrung für Israel nicht enthält".[17] Alle Erfahrungen müssen deshalb an der Erfahrung der Freiheit gemessen werden – auch Erfahrungen subjektiv empfundener Unfreiheit.

Die Gestalt JHWHs, die Erfahrung, die mit ihm gemacht wird, muss sich deshalb verändern. Er konnte nicht der „Gott vom Sinai" bleiben, auch nicht der „Gott vom Zion". JHWH ist in anderer Weise inhaltlich festgelegt: Er „definiert sich selbst durch die Freiheit der von ihm angerede-

---

[14] Die Zählung der Gebote erfolgt nach dem biblischen Text. Diese unterscheidet sich von der in den Katechismen üblichen (beachte jedoch die andere Zählung im Heidelberger Katechismus) darin, dass das Sabbatgebot erst an vierter Stelle folgt und alle nachfolgenden Gebote um eine Ziffer nach hinten rücken. Die beiden letzten Gebote des Katechismus werden in der biblischen Zählung zu einem Gebot zusammengefasst. Die in der katholischen und lutherischen Tradition übliche Zählung ist jeweils in Klammer hinzugefügt.

[15] Vgl. Lang, B.: Der Frevel der Väter, 40.

[16] Lohfink, N.: Gott, 142.

[17] Ebenda.

ten Israeliten".[18] Alle Erfahrungen, ob positiv oder negativ, sind an der Grunderfahrung der Freiheit zumessen. Für Israel ist klar: es gibt andere Götter, aber Israel „kennt keine anderen Götter" (vgl. Dtn 11,28; 13,3.7.14; 29,25). Wenn Israel andere Götter kennt, dann setzt es andere Erfahrungen neben die der Freiheit und verspielt damit seine Freiheit. Kennen ist hier im Sinne des hebräischen jd' (kennen, intim werden) zu verstehen: Israel wird mit anderen Göttern nicht intim!

Zweites Gebot

Du sollst dir kein Gottesbild machen und keine Darstellung von irgendetwas am Himmel droben, auf der Erde unten oder im Wasser unter der Erde. Du sollst dich nicht vor anderen Göttern niederwerfen und dich nicht verpflichten, ihnen zu dienen. Denn ich, der Herr, dein Gott, bin ein eifersüchtiger Gott: Bei denen, die mir feind sind, verfolge ich die Schuld der Väter an den Söhnen, an der dritten und vierten Generation.

„Das Bilderverbot ist weder ein Kultverbot, noch ein Verbot von Sprachbildern oder Ideen".[19] Der im hebräischen verwendete Begriff päsäl bezeichnet die Götterstatue, genauer: ein Kultbild. Damit steht das Bilderverbot in enger Beziehung zum Fremdgötterverbot. Es geht um die Darstellung und Verehrung von Bildern im Kult. Wahrscheinlich steht dahinter die Überzeugung, ein (dreidimensionales) Bild assoziiere die Vorstellung einer Theophanie.
Bilder sind in Israel archäologisch nachgewiesen (vgl. Keel). Die Bibel nennt den Stier als Kultbild für JHWH (vgl. 1 Kön 12,28; Ex 32-34). Allerdings fehlt eine spezifische JHWH-Ikonographie (vgl. NBL, 890). Das Bilderverbot hat seine Wurzeln in der Polemik des Propheten Hosea, die dieser insbesondere am Kultbild in Bethel übte (vgl. Hos 8,5-6; 10,4; 13,2). Da bildlose Kulte im Alten Orient be-

---

[18] Crüsemann, F.: Bewahrung der Freiheit, 46.
[19] Dohmen, C.: Exodus, 107.

kannt sind, könnte die bildlose Verehrung JHWHs auf alte Tradition zurückweisen.[20]
Das Bilderverbot hängt mit der Definition JHWHs zusammen: JHWH definiert sich durch sein befreiendes Handeln an Israel – nur dadurch! Die geschichtlich-konkret erfahrene Freiheit kann aber mit keinem abbildbaren Stück Welt identifiziert werden (vgl. Crüsemann, 50). Die erfahrene Freiheit lässt sich nicht in einem Bild verdichten.

Drittes (zweites) Gebot

Du sollst den Namen des Herrn, deines Gottes, nicht missbrauchen; denn der Herr lässt den nicht ungestraft, der seinen Namen missbraucht.

In diesem Gebot geht es um die Verwendung Gottes und die Beziehung zu ihm im Gegenüber zu anderen Menschen. Es warnt vor einem leichtfertigen Umgang mit Gott. Es will nicht Gott schützen, sondern den Menschen.
Mit seinem Namen gibt Gott sich selbst, sein Wesen zu erkennen (vgl. Ex 3,14). Der Name Gottes ist die dem Menschen zugewandte Seite Gottes. Da JHWH definiert ist als der, der befreit, verbietet sich 3. Gebot „alle denkbaren Pervertierungen der Freiheitsmacht“.[21]
Die drei ersten Gebote hängen also eng zusammen und sind „darauf ausgerichtet, die die Freiheit gewährende Gottesbeziehung ... zu sichern“.[22]

Viertes (drittes) Gebot

Gedenke (Achte auf den Sabbat:)[23] *des Sabbats: Halte ihn heilig! (wie es dir der Herr, dein Gott, zur Pflicht gemacht hat.) Sechs Tage darfst du schaffen und jede Arbeit tun. Der siebte Tag ist ein Ruhetag, dem Herrn, deinem Gott, geweiht. An ihm darfst du keine Arbeit tun: du, dein Sohn und deine Tochter, dein Sklave und deine Sklavin, dein Vieh und der*

---

[20] Ebenda 111-112.
[21] Crüsemann, F.: Bewahrung der Freiheit, 53.
[22] Ebenda.
[23] Der Text in Klammern gibt jeweils die abweichende Formulierung des Dtn wieder.

Fremde, der in deinen Stadtbereichen Wohnrecht hat. Denn in sechs Tagen hat der Herr Himmel, Erde und Meer gemacht und alles, was dazugehört; am siebten Tag ruhte er. Darum hat der Herr den Sabbattag gesegnet und ihn für heilig erklärt. (Denk daran: Als du in Ägypten Sklave warst, hat dich der Herr, dein Gott, mit starker Hand und hoch erhobenem Arm dort herausgeführt. Darum hat es dir der Herr, dein Gott, zur Pflicht gemacht, den Sabbat zu halten.)

Monat und Jahr sind zwar am Lauf der Sonne bzw. des Mondes ablesbar, aber Korrekturen unterworfen. Die Woche (= 7 Tage) ist dagegen allein aus Gen 1 ablesbar und keiner Korrektur unterworfen.
Der ägyptische Sonnenkalender umfasste 12 Monate mit 360 Tage; um dem Rhythmus des Sonnenlaufs zu folgen, wurden am Ende jeden Jahres 5 zusätzliche Tage eingeschoben (= zwischen den Jahren). Der babylonische Mondkalender umfasste 12 Monate mit jeweils 29 oder 30 Tagen; um mit dem Rhythmus der Sonne gleichzuziehen, wurde alle zwei bis drei Jahre ein Schaltmonat eingeschoben.[24] Das Schaltjahr dient bis heute dazu, notwendige Korrekturen vorzunehmen.
In vielen altorientalischen Kulturen wird der 1. und der 15. Tag des Mondmonats gefeiert (= Neumond und Vollmond). Im Babylonischen heißt der Vollmondtag, der zugleich der 15. Tag des Monats ist, ‚schabattim'. Eine Einteilung des Monats in eine Siebenerperiode und damit in Wochen ist in Babylon unbekannt. In der vorexilischen Zeit begegnet der Sabbat als Festtag, der in Parallele zum Neumondfest steht. Auch die alten israelitischen Feste (Pesach, Laubhüttenfest) orientieren sich am Vollmond.[25] Wenn im Alten Testament Neumond und Sabbat nebeneinander stehen, verweisen sie auf Anfang und Ende der Mondphase (vgl. Amos 8,7). In der Königszeit bezeichnet der Sabbat wahrscheinlich einen bestimmten Tag der Mondphase, aber nicht den siebten Tag der Woche.

---

[24] Vgl. Neues Bibellexikon II, 430.
[25] Ebenda 389.

Die im Exil grundgelegte Einteilung der Woche in 6 + 1 Tage ist ebenfalls von altorientalischen Gegebenheiten beeinflusst. Die kanaanäische Umwelt Israels kennt die Landbrache im 7. Jahr. Die Ansetzung nach dem 6. Jahr dürfte mit der Regeneration des Bodens und mit der Vorstellung der Fülle[26] zusammenhängen. Eine solche Landbrache findet sich auch im Alten Testament (vgl. Ex 23, 10-11). Daran schließt sich die Regelung der Arbeitsruhe am 7. Tag an (vgl. Ex 23,12). Die Regelung eines Ruhetages für Mensch und Tier dürfte in Anlehnung an die Landbrache formuliert worden sein.

Altorientalische Arbeitsverträge kennen ebenfalls solche Ruhetage (etwa jeden 10. Tag). Solche Regelungen sind jedoch noch keine durchgehende Zeitstruktur. Sie betreffen lediglich Ruhepausen während der Arbeitszeit. Dies gilt wohl auch für Ex 23,12. Der Begriff ‚Sabbat' fehlt in diesen Texten!

Dtn 5,12 bringt nun eine Synthese von Arbeitsruhe und Sabbat. Zeitmessung (Sabbat) und Ruhetagsregelung werden miteinander verknüpft und mit dem Exodusgeschehen begründet. Damit ist ein Zeitrhythmus entstanden, der unabhängig ist von natürlichen Ordnungen: Das Zeitmaß der Woche. Sie ergibt sich aus dem regelmäßig wiederkehrenden Sabbat als Tag der Arbeitsruhe. Damit entsteht zugleich ein neues Zeitbewusstsein. Dieses beruht auf einer Festtagsregelung: „Achte auf den Sabbat". Die Zeit dient jetzt als Erinnerung an Gottes Handeln an Israel, an die Herausführung aus dem Sklavenhaus und damit an die Freiheit, die Israel diesem Gott verdankt. Es ist deshalb konsequent, wenn im christlichen Kontext der Sonntag als Tag der Auferstehung gefeiert wird.

Dieses neue Zeitbewusstsein prägt das Lied von der Schöpfung in Gen 1,1-2,4a. Zeit liegt danach in der Schöpfung begründet und ist einem Rhythmus unterworfen. Die Erschaffung der Zeit ist das erste Schöpfungswerk[27] und damit der Erschaffung des Raumes vorgeordnet (vgl. Gen 1,3-5 – entgegen der Einheitsübersetzung endet Gen 1,5

---

[26] Die Zahl 7 galt als Zahl der Ganzheit.

[27] Vgl. Dohmen, C.: Exodus, 118.

nicht mit ‚erster Tag' sondern mit: ‚ein Tag'!). Die Schöpfung – so die Aussage dieses Liedes – wird durch Zeit strukturiert und einem festen Rhythmus unterworfen. Der Rhythmus der Woche ist damit von Gen 1 her als von Gott gegebene Ordnung zu verstehen, der sich Gott ebenfalls unterwirft. Diese Ordnung lässt sich aber nicht einfach aus der Natur ablesen. Die Bibel weiß, dass dieser Rhythmus nicht von Anfang an vorhanden war. Die Väter Israels kennen ihn nicht. Auch Mose scheint diesen Rhythmus zunächst nicht zu kennen. Erst das Manna-Wunder zeigt, dass dem 7. Tag etwas Besonderes anhaftet (vgl. Ex 16,22-26). Erst am Sinai erfolgt die Erklärung mit der Begründung des Sabbatgebotes (vgl. Ex 20,8-11). Hier wird der Sieben-Tage-Rhythmus ausdrücklich mit der in Gen 1 grundgelegten Schöpfungsordnung begründet. Deshalb wird hier das Sabbatgebot eingeleitet mit: „Gedenke des Sabbat".

Nach Dtn 5 ist der Sabbat ein israelitischer Festtag, nach Ex 20 ein universaler Gedenktag einer kosmischen Ordnung. Diese Konzeption, die wesentlich auf die Priesterschrift zurückgeht, hat sich durchgesetzt und prägt unser Zeitgefühl bis heute. Der Sabbat ist somit eine Symbiose von Zeiterfahrung und Lebensordnung.

Fünftes (viertes) Gebot

Ehre deinen Vater und dein Mutter, damit du lange lebst in dem Land, das der Herr, die Gott, dir gibt.

Das Elterngebot ist dem Tötungsgebot vorgeordnet und hat als letzte eine eigene Begründung. Es ist wie das Sabbatgebot positiv formuliert. Die positive Formulierung schließt alle negativen Handlungen aus.

Das Elterngebot hat mit Kindererziehung nichts zu tun. Es will „nicht Autorität aufrichten, sondern begrenzen".[28] Das Gebot richtet sich an den israelitischen Hausvater (pater familias) und hat dessen Verhalten gegenüber seinen alt gewordenen Eltern im Auge. „Das Elterngebot richtet sich nicht an Kinder, die der patria potestas unterstehen, son-

[28] Schmidt, W.: Die zehn Gebote, 100.

dern an Erwachsene, die selbst die patria potestas ausüben und ihren alt werdenden Eltern die schuldige Ehre erweisen sollen".[29] Es dient dazu, die familiäre Solidarität zu sichern gegenüber denen, die bisher das Überleben der Kinder gesichert hatten, jetzt aber zu schwach sind, das eigene Überleben zu garantieren. Dabei ist wohl nicht nur die materielle Versorgung im Blick, sondern auch die zwischenmenschliche Beziehung. Die Eltern ehren, sie respektvoll behandeln, das impliziert auch die Versorgung mit Kleidung und Nahrung, nach deren Ableben ein würdiges Begräbnis, den Verzicht auf Prozesse gegen die Eltern, ihre Verteidigung gegen Fremde sowie unterschiedliche Hilfeleistungen – z. B.: Reparaturen am Haus. Das Elterngebot hat damit die Sicherung einer umfassenden familiären Altersversorgung zum Ziel. „Diejenigen, von denen wir abhängig waren, sollen durch uns keinen Schaden erleiden, wenn sie von uns abhängig sind".[30]
Der Finalsatz „damit du lange lebst in dem Land, das der Herr, die Gott, dir gibt" zielt nicht auf den Einzelnen, um ihm ein langes Leben zu verheißen. Vielmehr wird ihm sein eigenes zukünftiges Schicksal vor Augen gestellt. Er wird damit in den Zusammenhang der Generationen gestellt, eingeordnet zwischen vorausgehender und nachfolgender Generation.[31] Das Elterngebot dient somit dem Schutz der Familie als dem Ort, der das Gottesverhältnis grundlegend prägt und somit konstitutiv ist für die Bewahrung der Freiheit.

Sechstes (fünftes) Gebot

Du sollst nicht morden.

Was ist mit dem Tötungsverbot ausgesagt? Indem die Einheitsübersetzung mit ‚morden' übersetzt, suggeriert sie eine bestimmte Art des Tötens: die heimtückische oder grausame Tötung eines Menschen.

---

[29] Noth, M.: Das 2. Buch Mose, 133.
[30] Schmidt, W.: Die zehn Gebote, 101.
[31] Vgl. Dohmen, C: Exodus, 121.

Der zugrunde liegende hebräische Begriff ‚rzh' wird nie für das Töten von Tieren verwendet; er hat immer etwas Gewaltsames an sich und wird nie für ein Handeln Gottes verwendet. Er bezeichnet somit das mit Gewalt vollzogene Töten eines Menschen. Auffallend ist dass der Begriff sowohl für den unbeabsichtigten Totschlag gebraucht wird wie auch für den geplanten heimtückischen Mord; aber auch für die Blutrache (vgl. Num 35,27) und die rechtmäßig vollzogene Todesstrafe (vgl. Num 35,30). Er wird aber auch gebraucht, um den Justizmord an Nabod zu beschreiben (vgl. 1 Kön 21,19). Selbst die Vergewaltigung eines Mädchens wird mit der Tötung eines Menschen gleichgesetzt (vgl. Dtn 22,26). So kommen auch Aspekte des sozialen Todes ins Blickfeld dieses Gebotes. „Arme, Witwen und Waisen sowie vergewaltigte Mädchen werden aller Wahrscheinlichkeit auch eher durch die sozialen Folgen bestimmter Handlungen getötet, die ihnen die Lebensmöglichkeiten rauben."[32]
Das Tötungsverbot umschließt somit alle Handlungen, die direkt oder indirekt den Tod anderer Menschen veranlassen bzw. nach sich ziehen. Nicht angesprochen ist in diesem Verbot dagegen die Frage des Krieges. Dieser könnte in der heutigen Debatte allerdings insofern mit angesprochen werden, da das biblische Gebot sich ganz und gar dem Schutz des Lebens verpflichtet weiß.

Siebtes (sechstes) Gebot

Du sollst nicht die Ehe brechen.

Das Verbot des Ehebruchs wird im Alten Testament nicht unter moralischen oder sexuellen Kategorien betrachtet. Auch in diesem Verbot geht es um die Lebenssicherung des Nächsten und seiner Familie.
Angesprochen sind Männer (nicht Frauen!). Ihnen wird verboten, in eine andere Ehe einzubrechen. Das Verbot setzt eine polygyne Ehestruktur voraus, in der es dem Mann möglich war, neben der Ehefrau weitere Ehefrauen oder Nebenfrauen zu haben. Beziehungen zu Sklavinnen

---

[32] Crüsemann, F.: Bewahrung der Freiheit, 68.

und Prostituierten werden von diesem Verbot nicht berührt.
Außerhalb einer Familie waren die Überlebenschancen einer Frau oder auch eines Mannes gering. Die Familie war Produktions- und Lebensgemeinschaft. Ökonomisch war sie weitgehend autark. Nur sie konnte Generationen übergreifend die Lebensgrundlagen für alle Mitglieder bereitstellen – dies sind: Sicherung des Erbbesitzes; Aufziehen der Kinder, Lebenssicherung im Alter.
Bei Ehebruch stand all dies auf dem Spiel. Wer in eine andere Ehe einbrach, drohte die Lebensgrundlage des Nachbarn in Frage zustellen, da unter den damals vorauszusetzenden patrilinearen Gegebenheiten die unzweifelhafte Vaterschaft für die soziale Stellung und die Erbfolge der Kinder entscheidend war. „Das Ehebruchsverbot zielt dadurch, dass es die Übereinstimmung von äußerlichen (sozialen, rechtlichen) und innerlichen (biologischen) Verhältnissen einfordert, auf den Schutz der Nachkommen ab, denn deren materielle und soziale Stellung kann von einem Ehebruch empfindlich tangiert werden."[33] Deshalb wird Ehebruch im Alten Testament als Kapitaldelikt angesehen.
Darüber hinaus ist in der vorausgesetzten patriarchalen Gesellschaftsordnung Ehebruch zugleich ein massiver Bruch des Eigentumsrechts des Anderen. Deshalb steht dieses Verbot zwischen dem Tötungsverbot und den Geboten, die den Besitz vor dem Zugriff des Anderen schützen.

Achtes (siebtes) Gebot

Du sollst nicht stehlen.

Die letzten drei Gebote schützen den Besitz des Anderen. Besitz ist die materielle und rechtliche Grundlage der von Gott geschenkten Freiheit. Wer den Besitz des Anderen antastet, bedroht dessen Freiheit.

---

[33] Dohmen, C.: Exodus, 124.

Von einigen Exegeten wurde dieses Gebot so verstanden, als sei damit lediglich der Raub von Menschen verboten.[34] Menschenraub – und damit Versklavung – ist zwar auch gemeint (vgl. Ex 21,16; Dtn 24,7); das Gebot ist aber umfassender zu verstehen. Fragen des Diebstahls werden in Ex 21,37 – 22,3 behandelt. Unter das Verbot fallen aber auch solche Tatbestände wie: Gebrauch falscher Gewichte (Dtn 25,13-16); Vorenthalten des Lohnes (Dtn 24,14-15); Ernten auf fremdem Ackerfeld (Dtn 23,25-26); ungerechtfertigte Pfandnahme (Dtn 24,6.10-13.17-18) und fahrlässiger Feldbrand (Ex 22,4-5). Das Gebot dient damit der Sicherung des persönlichen Eigentums und unterbindet alle Handlungen, die das Eigentum des Anderen als dessen materielle Grundlage der Freiheit gefährden könnten.

Neuntes (achtes) Gebot

Du sollst nicht falsch gegen deinen Nächsten aussagen.

Wörtlich: „Du sollst gegen deine Nächsten nicht als Lügenzeuge aussagen". In diesem Gebot geht es nicht um das Problem Wahrheit – Lüge im abstrakten Sinn. Die verwendeten Begriffe entstammen dem juristischen Bereich. Dieses Verbot tritt somit allen Versuchen entgegen, das Recht zu beugen – insbesondere durch falsche Beschuldigungen vor Gericht, sei es als Zeuge, sei es als Ankläger. Ein solches Verhalten gefährdet Besitz, Leib und Leben des Anderen und damit dessen Freiheit.

Zehntes (neuntes und zehntes) Gebot

Du sollst nicht nach dem Haus deines Nächsten verlangen. Du sollst nicht nach der Frau deines Nächsten verlangen, nach seinem Sklaven oder seiner Sklavin, seinem Rind oder seinem Esel oder nach irgendetwas, das deinem Nächsten gehört.

Dieses Gebot umschreibt die Gesamtheit des Besitzes als die materielle Grundlage der Freiheit. Die unterschiedliche

---

[34] So: Alt, A. und Kraus, H.-J.; Belege dazu bei Schmidt, W.: Die Zehn Gebote, 123.

Fassung in Ex und Dtn lässt erkennen, dass dieses Gebot eigentlich aus zwei Geboten besteht. Dem trägt die Katechismustradition Rechnung.

Das Gebot steht in Parallelität zu den beiden ersten Geboten. Fremdgötter- und Bilderverbot sichern die Beziehung zum Gott der Freiheit, das Gebot des Nichtbegehrens in seiner doppelten Ausrichtung sicher die Lebensgrundlage: Familie und Besitz. Damit bestehen durchaus Überschneidungen zum Ehebruch- und Diebstahlverbot.

Das verwendete hebräische Verb hmd (= streben nach, trachten nach, aus sein auf) bezeichnet nicht einfach den Wunsch, etwas zu besitzen, sondern auch die reale Aneignung. Das Verb „beschreibt den gesamten anthropologischen Ablauf vom Ansehen über das Empfinden der Freude, ja Lust, sowie das innere Verlangen bis hin zum Besitzenwollen und Besitzergreifen“.[35] Mi 2,2 ist dafür ein gutes Beispiel: „Sie begehren Felder und reißen sie an sich, Häuser und nehmen sie. Sie unterdrücken den Mann und sein Haus, den Menschen und seinen Erbbesitz“.

Das Verbot unterbindet auch (scheinbar) legale Praktiken, den Anderen um seinen Besitz zu bringen – etwa durch das Schuld- und Pfandrecht oder den Zugriff auf Frauen abwesender Männer in Kriegszeiten (vgl. 2 Sam 11). Mit diesem Gebot wird somit jeder denkbare Zugriff auf die Lebensgrundlage des Anderen verwehrt – auch der rechtlich und gesellschaftlich legitimierte Zugriff! etwa durch Ausnutzen einer Notsituation oder durch Vorteilnahme. Die Verfälschung des Rechts hebt die im Prolog vorausgesetzte Freiheit auf. Wer das Recht manipuliert, bringt den Anderen um die Grundlage seiner Freiheit.

Die Aufzählung ist breit angelegt, folgt aber einem traditionellen Muster, wonach ‚drei Dinge‘ einen Besonderen Wert darstellen: Frau, Haus, Weinberg.[36] Damit wird die umfassende Bedeutung dieses ‚Doppelgebotes‘ deutlich: „Nicht der materielle Besitz im engeren Sinn des Wortes soll so geschützt werden, sondern über das, was dem ein-

---

[35] Wallis, G.: ThWAT II, 1023.

[36] Vgl. Jacob, B.: Exodus, 596-597; dort finden sich weitere Beispiele solcher Aufzählungen.

zelnen Menschen etwas wert ist, was ihm etwas bedeutet, wird er selbst als Mitmensch, als Nächster, in seiner Würde ernst genommen. Sie gilt es zu schützen und damit das Zusammenleben in der Gemeinschaft derer, die JHWH aus Ägypten befreit hat, zu gewährleisten.“[37]

Zusammenfassung

Insgesamt lässt sich festhalten: Der Dekalog bildet das Zentrum der Tora und hat das Ethos des Abendlandes entscheidend geprägt. Dies dokumentiert sich auch in seiner Stellung, die er im Katechismus der katholischen wie auch protestantischen Tradition einnimmt. Obwohl der Dekalog als solcher nicht explizit im Neuen Testament erwähnt wird, ist er doch in fast allen neutestamentlichen Schriften implizit präsent. Dies spiegelt sich insbesondere im Doppelgebot der Gottes- und Nächstenliebe. Dieses ist gleichsam die Kurzfassung des Dekalogs. Dem Dekalog kommt somit gleichsam der Charakter eines Grundgesetzes zu. Allerdings darf er nicht im strengen juristischen Sonn als Gesetz verstanden werden. Er umschreibt vielmehr Haltungen, die notwendig sind, will der Mensch in der von Gott geschenkten Freiheit leben; und er setzt Grenzen, die zu überschreiten den Verlust dieser Freiheit impliziert. Wie diese Haltungen unter veränderten gesellschaftlichen Bedingungen je neu zu konkretisieren sind, ist eine bleibende Aufgabe der christlichen Sozialethik.

Literatur

Alt, A.: Die Ursprünge des israelitischen Rechts, in: ders. (Hrsg.): Grundfragen der Geschichte des Volkes Israel. Eine Auswahl aus den ‚kleinen Schriften‘, Studienausgabe, hrsg. von S. Herrmann, S. 203-257, München, 1970.

[37] Dohmen, C.: Exodus, 127-128.

Crüsemann, F.: Bewahrung der Freiheit. Das Thema des Dekalogs in sozialgeschichtlicher Perspektive, Gütersloh, 1998.
Dohmen, C.: Exodus 19 – 40 (HThKAT), Freiburg, 2004.
Hossfeld, F.-L.: Der Dekalog. Seine späten Fassungen, die originale Komposition und seine Vorstufen (BO 45), Fribourg/Göttingen.1982.
Jacob, B.: Das Buch Exodus, hrsg. Im Auftrag des Leo-Baeck-Instituts von Shlomo Mayer unter Mitwirkung von J. Hahn und A. Jürgensen, Stuttgart, 1997.
Jaroš, K.: Kalender, in: Neues Bibellexikon II, hrsg. von M. Görg und B. Lang, S. 429-432, Düsseldorf 1995.
Lang, B.: Die Zahl Zehn und der Frevel der Väter. Eine neue Interpretation des Dekalogs, in: R. Dillmann (Hrsg.): Bibel-Impulse. Film – Kunst – Literatur – Musik – Theater – Theologie, S. 17-41, Münster 2006,.
Lemaire, A.: Sabbat, in: Neues Bibellexikon III, hrsg. von Manfred Görg und Bernhard Lang, S. 388-391, Düsseldorf, 2001.
Lohfink, N.: Gott. Polytheistisches und monotheistisches Sprechen von Gott im Alten Testament, in: ders. (Hrsg.): Unsere großen Wörter. Das Alte Testament zu Themen dieser Jahre, S. 127-144, Freiburg, 1977.
Lohfink, N.: Kennt das Alte Testament weinen Unterschied zwischen von ‚Gebot' und ‚Gesetz'? Zur bibeltheologischen Einstufung des Dekalogs, in: ders. (Hrsg.): Studien zur biblischen Theologie (SBAB 16), S. 206-238, Stuttgart, 1993.
Noth, M.: Das zweite Buch Mose. Exodus (ATD 5), Göttingen, 31965.
Schmidt, W. H.: Die Zehn Gebote im Rahmen alttestamentlicher Ethik (EdF 281), Darmstadt, 1993.
Wallis G.: dmH hamad, in: ThWAT II, hrsg. Von G. J. Botterweck / H. Ringgren, S. 1020-1032, Stuttgart, 1977.

Elisabeth Jünemann

Das erste Gebot: Du sollst neben mir keine anderen Götter haben

Ich bin – das stellt Gott vor das erste wie vor alle folgenden Gebote – Jahwe, dein Gott, der ich dich aus Ägyptenland aus der Knechtschaft geführt habe ...“ (Ex 20,2). Du wirst diese Freiheit nicht aufs Spiel setzen. Israel weiß, es gibt viele Götter, andere Götter. Aber Israel „kennt keine anderen Götter“ (vgl. Dtn 11,28; 13,3.7.14; 29,25). Wenn Israel andere Götter kennt (mit ihnen intim wird), dann setzt es andere Erfahrungen neben die der Freiheit und verspielt damit seine Freiheit.

Es geht um den Freiheitsraum: Identität.

Jede Organisation hat ihre Identität. Eine Identität, die sie erkennbar macht und unterscheidbar – als rückgebunden an das Gemeinwohl z. B. oder eben als rückgebunden an den Gott, der Freiheit schenkt. Am Programm der Rückbindung hängt die Außenperspektive (die sozialen Anforderungen: „Was kann ich da erwarten?“) und die Innenperspektive (die Selbstansprüche: „Was müssen wir leisten?“). Am Programm der Rückbindung ist die Organisation identifizierbar, ihre Wertekultur messbar.

In Krisen ist es wichtig, eine Identität zu haben. Das gilt für Lebenskrisen wie für Wirtschaftskrisen, für Personen wie für Organisationen. Das gilt für Wirtschaftsunternehmen wie für Soziale Unternehmen. Das erfährt Herr K., Bauunternehmer, dessen Bauunternehmen, von der Finanz- und Wirtschaftskrise empfindlich getroffen, zum ersten Mal, seit es existiert, zur Kurzarbeit gezwungen ist. Das erfahren seine Mitarbeiter, die in riskanten Zeiten nach Verlässlichkeit und Vertrauen suchen. Das erfährt Frau A., die nicht umhin kann, ihre demente Mutter in schlechtem Zustand vorübergehend in ein Pflegeheim zu bringen. Das erfährt das Pflegeheim wie alle sozialen Organisationen, die neben ihrer sozialen, pflegerischen, medizinischen oder pädagogischen Kernaufgabe immer auch wirtschaftlich zu funktionieren haben.

Von der Notwendigkeit, in Organisationen das Risiko zu mindern

Ein Blick auf die Wirtschaft: Da ist die Atmosphäre zurzeit zumindest gespannt: Entlassungen in die Arbeitslosigkeit hier und unverhältnismäßig hohe Abfindungen dort; endlose Diskussionen um einen Mindestlohn hier und Steuerhinterziehung dort. Das Ansehen der Wirtschaft ist gefährdet, das der Wirtschaftsunternehmen auch – was dann wiederum der Wirtschaft schadet. Ein Teufelskreis entsteht. Die Wirtschaft reagiert. Sie versucht, das verlorene Vertrauen wieder aufzubauen. Unternehmen verpflichten sich auf Werte: „Diese Werte sind uns wichtig!" „So geht es hier zu!" „Damit identifizieren wir uns! Das sind wir!" Solche Selbstverpflichtungen werden in die Organisationsstruktur eingearbeitet; viele Firmen leisten sich im Topmanagement einen „Chief Compliance Officer".
Was da für Organisationen der Wirtschaft gilt, das scheint auch für Soziale Organisationen zu gelten: Es gibt ein Bedürfnis, nach innen und nach außen zu klären, wie es in dieser Organisation zugeht. Oder umgekehrt, es gibt das Bedürfnis, zu wissen, wie es in diesem Krankenhaus, in dieser Einrichtung der Kinder- und Jugendhilfe zugeht. Das motiviert schließlich seit Jahren, mühsame Leitbildprozesse zu entwickeln und Leitbilder zu schreiben. Kaum eine Organisation, kaum ein Pflegeheim oder ein Krankenhaus, das nicht Wert darauf legen würde, eine Kultur des Vertrauens zu schaffen – und eine Struktur, die das ermöglicht.
Warum beschäftigt man sich in Unternehmen, in sozialen wie in wirtschaftlichen, neben all´ dem, was ihr Kerngeschäft an Kompetenz verlangt, neben dem, was das Management an Kompetenz verlangt, auch noch mit der Frage nach Vertrauen und Verlässlichkeit? Niklas Luhmann, der Systemtheoretiker, formuliert das so: „Trotz aller Bemü-

hung um Organisation und rationale Planung kann nicht alles Handeln durch sichere Voraussicht seiner Wirkung geleitet sein. Es bleiben Unsicherheiten zu absorbieren und es muss Rollen geben, denen diese Aufgabe in besonderem Maße obliegt." Organisationen, soziale und wirtschaftliche, sind, wer wüsste das nicht, immer gefährdet. Bei noch so exakter und guter Planung – es bleiben Unsicherheiten. Es bleiben Risiken. Je vielfältiger die Möglichkeiten, je größer die Freiheiten, die zur Verfügung stehen, desto größer die Risiken.
Welche Risiken? Das Risiko, dass alles ganz anders sein kann als wir denken. Dass alles auch ganz anders kommen kann als wir denken. Dass etwas heute zwar so ist, aber morgen schon ganz anders. Situationen, die wir nicht „im Griff" haben. Die so oder so sein können. So oder so ausgehen können. Solche Situationen, die wir nicht im Griff haben, Situationen, die so oder so sein können, die nennen wir „kontingent". Kontingenz (von Aristoteles verstanden als etwas, das so, aber auch anders kommen kann) verbindet Uneindeutigkeit und Unsicherheit mit der Notwendigkeit, sich auf Risiken einzulassen. Kontingenz ist unvermeidbar. „Jene, die die Kontingenz leugnen, müssten – sagt ein unfreundlicher Satz eines persischen Philosophen aus dem 11. Jahrhundert dazu – „so lange gefoltert werden, bis sie zugeben, dass sie auch nicht hätten gefoltert werden können" (Avicenna, persischer Philosoph, 11 Jhd.).
Kontingenzen – zum Beispiel im Krankenhaus: Hier befinden sich Menschen nicht selten in einer Ausnahmesituation. In Ausnahmesituationen ist das Lebensrisiko höher als im Allgemeinen. Wo das Lebensrisiko am größten ist, will ich vertrauen. Wo das Leben am verletzlichsten ist, an seinen Rändern, wo es anfängt und aufhört, an den Nahtstellen, an denen es leicht bricht, setzen Menschen auf Vertrauen und Verlässlichkeit. Die Patientin, die im Elisabeth Krankenhaus aufgenommen wird, fragt sich: „Was wird mir geschehen?" Ihre Frage könnte aus der einen Perspektive so beantwortet werden und aus der anderen so. Aus der Perspektive der Medizin z.B. anders als aus der der Ökonomie. „Das könnte heilen." – „Das ist nicht bezahlbar." Oder aus der Perspektive der Religion: „Dient

das dem Heil des Menschen?“ Die Patientin muss sich Gedanken machen, was hier aus ihr wird – im Blick auf die Möglichkeiten der Medizin, der Pflege und der Wirtschaft oder auch der Religion. Sie sorgt sich. Die Oberärztin sorgt sich auch, wenn sie zum Beispiel an das Management denkt. Und die Pflegeschülerin sorgt sich, wenn sie an die Stationsschwester denkt. Dem Management-Mitarbeiter ist nicht wohl, wenn er an den Chefarzt denkt oder an die Pflegedirektorin. Erwartungsungewissheit und Enttäuschungsgefahr. Risiken, Kontingenzen – die machen Angst.

Von der Möglichkeit der Moral, das Risiko zu bearbeiten

Angst in Organisationen kann nicht einfach ausgehalten werden, sie drängt permanent nach Bearbeitung. Es geht um Bearbeitung der Kontingenz, um Minderung des Risikos. Kontingenzen zu bearbeiten, Risiken zu managen – das ist eine Rolle, die seit jeher die Moral übernimmt. Moral bearbeitet Kontingenz, indem sie Verhalten kanalisiert. Moral unterscheidet: „Das ist zu tun“ und „das nicht“. Sie unterscheidet und entscheidet, was „richtig“ ist und was „falsch“. Oder in der Sprache der Moral, was „gut“ ist und was „böse“, was „gerecht“ ist und was „ungerecht“. Und sie versucht, möglichst vielen Menschen diese Entscheidung zu kommunizieren. Moral einigt auf einen Wert, auf das Wohlergehen des Menschen zum Beispiel, und auf entsprechende strukturelle und habituelle Konsequenzen: So erreiche ich das Wohlergehen der Menschen, mit diesen Strukturen, durch diese Haltung. Dadurch kanalisiert sie Verhalten in Richtung „gut“ und „gerecht“ – in sozialen Organisationen wie in Wirtschaftsunternehmen.
Gerade auch in Wirtschaftsunternehmen: „Seit 6 000 Jahren glaubt man, dass diejenigen, die Marketing betreiben, Künstler im schnellen und leichten Verdienen, gewissenlose Betrüger und Händler schäbiger Waren seien. Zu viele von uns sind sicher schon einmal jemandem ins Netz gegangen, und wir alle sind hin und wieder dazu angestachelt worden, alle möglichen Dinge zu kaufen, die wir

nicht gebrauchen konnten und – wie wir später feststellen mussten – überhaupt nicht haben wollten.“ So schrieb Farmer 1967 in seinem Beitrag „Would you want your daughter to marry a marketing man?“. Das ist zwar, weiß man, eine ganz falsche Vorstellung, aber eine, die fest in den Köpfen sitzt. „Moral und Marketing“ – das klingt nach „Marder im Getriebe“. Hier Marketing – da Moral. Hier Wettbewerb und Marktwert – da das Gute und Gerechte. Da wird von unterschiedlichen Logiken ausgegangen, von schier unvereinbaren Logiken. Was gut und gerecht ist, kann sich nicht auszahlen. Was sich auszahlt, kann nicht wirklich gut und gerecht sein. Aus der Unterscheidung wächst der Konflikt, ein Dauerkonflikt: Bertold Brecht inszenierte ihn im Parabelstück „Der gute Mensch von Sezuan“: Der gute Mensch, Shen Te, rettet seine wirtschaftliche Existenz nur, indem er die Rolle wechselt, in regelmäßigen, immer kleiner werdenden Abständen, als böser Mensch, als Vetter Shui Ta, die Armen vertreibt. „Gut zu sein und doch zu leben, zerriss mich wie ein Blitz in zwei Hälften ...“, ruft der gute Mensch den Göttern zu.
Hier Wirtschaft – da Moral. In der Wirtschaft geht es um Haben oder Nichthaben, um Gewinn. Das ist nicht unanständig, das ist notwendig; nur so ist sie. In der Moral geht es um das Gute und das Gerechte; um das, was dem Menschen als einzelnem und allen zusammen zum Glück fehlt. Um das, was den Menschen ausmacht, was ihm gut tut, was ihm gerecht wird. Nur wenn sie daran festhält, ist sie Moral. Wirtschaft und Moral grenzen sich voneinander ab. Mit gutem Grund. Hier: „Rechnet sich das?“ – Da: „Ist das menschengerecht?“ Hier die wirtschaftliche Rationalität – da die Vorstellung von der moralischen Qualität eines Unternehmens. Kollision nicht ausgeschlossen. Einerseits. Andererseits: Die eigene Grundhaltung bewahren, sich abgrenzen – das heißt nicht, im eigenen abgeschlossenen System wie die Schnecke im Schneckenhaus zu sitzen. Kein System kann sich ausschließlich mit sich selbst beschäftigen. Immer geschieht im anderen System etwas, vor dem es sich nicht verschließen kann – weil es Auswirkungen auf die eigene Logik hat. Moral und Markt nähern sich einander an. Denn längst ist es erforscht: Moral tut Unternehmen gut.

Ein Management, das über moralische Kompetenz verfügt, verdient Vertrauen. Moralische Kompetenz unterscheidet: „Das ist zu tun“ und „das nicht“. Sie unterscheidet und entscheidet, was „richtig“ ist und was „falsch“ oder in der Sprache der Moral, was „gut“ ist und was „böse“, was „gerecht“ ist und was „ungerecht“. Und sie versucht, diese Entscheidung möglichst breit zu kommunizieren. Ein organisationsethischer Prozess in drei Schritten und mit drei Rollen:

- Klären, worum es geht.
- Klären, wie das geht, worum es geht.
- Klären, was dann geht und nicht geht.
- Die normative Rolle: Sie klärt, worum es geht.
- Die strategische Rolle: Sie entscheidet, wie das geht.
- Die Verfahrensrolle: Sie realisiert, was geht.

Klären, worum geht es. Oder: Die normative Entscheidung für eine moralische Identität

„Hier geht es gut und gerecht zu.“ Ein bisschen ist die Patientin beruhigt, ein bisschen ist das Vertrauen des Mitarbeiters gestärkt. Aber eben nur ein bisschen, denn die Frage bleibt: Was ist (hier) gut? Was ist (hier) gerecht? Die formale Antwort zieht eine materiale Bestimmung nach sich. „Was ist das Gute und Gerechte?“, fragt sie. Oder, weil es darauf keine eindeutige, allgemein gültige Antwort gibt, sondern Antworten, weil es nicht die eine Moral gibt, sondern (auch wenn sich selbst das Microsoft-Office-Rechtschreibeprogramm dagegen sträubt) Moralen: „Was ist hier das Gute und Gerechte?“ „Was gilt hier?“ „Wie wird denn hier unterschieden zwischen dem, was gut und gerecht ist und was nicht?“ Das zu wissen, nimmt der Klientin etwas von der Angst, verschafft der hinzugezogenen Ärztin einige Sicherheit. Das zu wissen, stärkt den Pflegedienstleiter und ist in der Diskussion mit dem Management sicher nützlich. Was gilt hier? Das gilt hier! Moral braucht ein Programm. Es geht um die Verpflichtung auf ein bestimmtes Moralprogramm, auf eine moralische Identität.

Solche moralische Identitäten halten Religionen vor; zum Beispiel und vor allem die jüdisch-christliche Tradition. „Gerechtigkeit“, zunächst ein Begriff, der unpräzise und uneindeutig ist und so nicht sonderlich weiterhilft, wird da zur „Gerechtigkeit vor Gottes Angesicht“.

Da geht es zum Beispiel um den alttestamentlichen Gedanken der von Gott geschenkten Freiheit und um deren Schutz und Entwicklung. Es geht um die Zehn Gebote des Alten Testamentes, um die entsprechend in diesem Buch entwickelten Freiheitsräume, um deren strukturellen und habituellen Schutz. Unternehmen bzw. Unternehmer in Sozial- oder Wirtschaftsunternehmen verpflichten sich bis heute auf die Zehn Gebote, weil die (nicht nur) in der europäischen Gesellschaft kommuniziert und akzeptiert werden als eine religiös-moralische Orientierung, die Vertrauen schafft.

Da geht es aber zum Beispiel auch um den neutestamentlichen Gedanken der Nächstenliebe oder, wie es der frühere Bonner Sozialethiker Nikolaus Monzel formulierte, um die „Liebe als Sehbedingung der Gerechtigkeit“. Es geht um die Liebe, von der Papst Benedikt in seiner Enzyklika „Deus est caritas“ sagt, dass sie in ihren Facetten – als „Eros“ (nehmende Liebe; was zugegeben in Organisationen auch in dieser Übersetzung nicht immer leicht vorstellbar ist) und „Agape“ (gebende Liebe) – nicht möglich ist auf Befehl oder Geheiß, sondern nur weitergegeben werden kann, wenn und weil sie erlebt wird. Es geht um einen entsprechenden Umgang miteinander, um eine entsprechende Organisationskultur und um eine Organisationsstruktur, die das ermöglicht. Organisationen, die sich „christlich“ nennen, kommen um eine solche moralische Orientierung, die sich auf die Liebe verpflichtet nicht umhin. Da gehört die Liebe zum Profil, da macht die Liebe die christliche Identität aus. Da erwartet die Patientin im St. Elisabeth Krankenhaus, dass man dort mit Liebe bei der Arbeit ist und die Mitarbeiter erwarten Strukturen, die dazu motivieren oder (bescheidener:) das wenigstens nicht verhindern. Da erwartet man von der Partei mit dem „C“ im Namen entsprechende Entscheidungen, von der Lehre an der Katholischen Hochschule eine entsprechende Lehre.

Klären, worum es geht. Das tut gut – der Organisation und allen Beteiligten. Das schafft Verlässlichkeit und Vertrauen – für die Organisation und für alle Beteiligten. Wo geschieht diese Klärung? Wer ist verantwortlich für diese basalen Entscheidungen? Die, die in Verantwortung stehen für den Sinn der Organisation, für ihre Funktion, für die Zielformulierung – hier in Verantwortung für kirchliche Organisationen der Bischof oder die Ordensoberin, dort zum Beispiel die Erbin des Familienunternehmens oder auch die Ministerin in leitender Verantwortung für die Gesundheitspolitik, auf deren Entscheidung das Klinikum angewiesen ist.

> In einer Organisation muss die Identität geklärt werden. Es ist zu klären, worum es geht. Gerade da, wo viele Kulturen, Religionen, Generationen, Berufe und Professionen usf. zusammenkommen, braucht ein Unternehmen, ein Sozial- oder Wirtschaftsunternehmen, die normative Selbstverpflichtung auf ein bestimmtes System von Werten, Normen und Tugenden.
> Organisationen brauchen Führungspersonen, die Verantwortung tragen für diese Identität. Sie verantworten das Kerngeschäft der Organisation und verstehen sich gleichzeitig darauf, dieses Kerngeschäft normativ zu verbinden mit einem Moralprogramm.

Klären, wie das geht, worum es geht. Oder: Die strategische Entscheidung für die Umsetzung einer moralischen Identität.

Worum es geht, ist geklärt. Das ist der erste Schritt. Aber es wusste schon Erich Kästner: „Es gibt nichts Gutes – es sei denn, man tut es." In einem zweiten Schritt geht es darum, zu Klären, wie das geht, worum es geht.

Die grundsätzliche Klärung, worum es in dieser Organisation geht, muss hinunter gebrochen werden auf die strategische Ebene, die Leitungsebene. Die Grundsatzentscheidungen derer, die für den Sinn der Organisation stehen, in kirchlichen Organisationen in der Regel der Bischof oder

auch der Ordensobere bzw. die Oberin, müssen in die Strukturen der Organisation implementiert werden.
Wie kommt also, fragt man sich dann auf der Leitungsebene der Organisation, der normativ bestimmte Standard – „hier geht es um die von Gott geschenkte Freiheit“ – in die Unternehmensstruktur? Und woran erkennt man, fragt sich umgekehrt die durch die öffentlich gewordenen Vorfälle in Altenheimen verunsicherte alte Dame, die eine Wohnung im Altenheim braucht, ob es in einer Einrichtung im Sinne der Liebe zugeht (oder nicht)?
Normen brauchen Formen. Die Orientierung des Wirtschaftsunternehmens am alttestamentlichen Gedanken der Freiheit oder eine Unternehmenskultur im Krankenhaus, die sich dem Gedanken der Nächstenliebe verpflichtet, zum Beispiel dem elisabethinischen Dienst am Nächsten – die müssen jedenfalls zu Konsequenzen führen in allen Bereichen der Organisation. Strukturelle Konsequenzen: Es werden stimmige Regeln, passende Normen formuliert und durchgesetzt. Habituelle Konsequenzen: Von den Mitarbeiterinnen und Mitarbeitern ist eine passende Haltung, ein adäquates Verhalten gefragt.
Ob die Identität der Organisation so zum Tragen kommt, dass es erfahrbar wird, das ist in erster Linie Sache der Leitung. Sie ist die (im wörtlichen Sinn) entscheidende Instanz. An der Unternehmensleitung liegt es, Strategien festzulegen, die die Freiheit „zur Regel machen“. An der Hausleitung liegt es, die Verfahren im Haus zweifach absichern: Zum einen so, dass die Liebe nicht immer wieder neu durchgesetzt und durchbuchstabiert werden muss, sondern „Routine“ wird. Zum andern so, dass sie weder durch einzelne Situationen noch durch einzelne Personen ohne weiteres auszuhebeln ist.
Klären, wie das geht, worum es geht, ist notwendig, wenn die Identität der Organisation, des Katholischen Krankenhauses wie des High-Tech-Unternehmens, (er-)lebbar sein soll. Nur wenn Strukturen entwickelt werden, die – oder, was ungleich schwieriger ist, verändert werden, dass sie – es möglich machen, in Freiheit zu handeln oder mit Liebe bei der Arbeit zu sein, kann von einer Vertrauen schaffenden Identität der Organisation, einer verlässlichen „corporate identity“ die Rede sein.

In einer Organisation muss Identität (er-)lebbar sein. Es ist zu klären, wie das geht und worum es geht. Normen brauchen Formen. Die normative Vorgabe braucht strategische Entscheidungen für die Umsetzung in Strukturen und Handlungsvorgaben, sie braucht Steuerung und Controlling.
Organisationen brauchen Personen, die diese strategische Rolle übernehmen. Leitende Personen müssen entscheiden, welche Strukturen um der Identität willen zu entwickeln oder zu verändern sind, welche Haltung, welches Verhalten einzufordern ist.

Klären, was dann geht und nicht geht. Oder: Die Entscheidung für moralische Alltagsroutinen

Entscheidungen der Leitung für entsprechende Strategien und Strukturen, die das Verfahren stützen, müssen, wollen sie wirken, herunter gebrochen werden auf die Ebene des konkreten Verfahrens. Sie müssen zu Regeln werden: „Dies ist besser als das." Oder: „Das geht und das geht nicht." Zu zweifelsfreien Regeln, die nicht selber auch wieder interpretationsbedürftig sind. Normen brauchen Formen, Formen brauchen Regeln. Regeln greifen in das Alltagsgeschehen der Organisation ein und schaffen da Routine.
Was gilt, heißt das, entsprechend für die operative Ebene der Organisation? Wie verändert zum Beispiel die vorgegebene Orientierung an der Liebe die Routinen im St. Elisabeth Krankenhaus – von der Aufnahme und Diagnose über Mahlzeiten und OP-Plan bis zum ärztlichen Gespräch mit dem Patienten und den Angehörigen und der Entlassung?
Organisationen, seien es Familienunternehmen oder kirchliche Organisationen, sind oft geprägt von ihrer zum Teil langen Geschichte, von alten Regeln und Gewohnheiten. Die sind nicht ohne weiteres zu verändern, die haben ihre eigene Kraft. Sie lassen die Versuche, das Ziel zum Beispiel einer besseren Kommunikationsstruktur in der Abteilung durch Auswechseln von Kollegen durchzusetzen, scheitern. Es liegt nicht immer und meist nicht nur an den Mitarbeiterinnen und Mitarbeitern, wenn die Kommunikation nicht sofort reibungslos funktioniert. Die „zickige Kol-

legin“ und der „sture“ Chef sind längst ausgewechselt und die Probleme geblieben. Soll sich in der Kultur oder der Atmosphäre der Einrichtung zum Beispiel im Blick auf ein der Freiheit angemessenes Kommunizieren wirklich etwas verändern, dann müssen zentrale Regeln tangiert werden, modifiziert werden, verändert werden. Personalentwicklung ist die eine Seite. Die andere ist die Organisationsentwicklung. Der Satz zum Beispiel, dass gute Arbeit nur möglich sei, wenn die Mitarbeiterinnen und Mitarbeiter der Einrichtung so miteinander kommunizieren, dass dahinter eine Kultur der Freiheit sichtbar wird, der muss nicht nur auf allen Ebenen gehört und bestätigt werden, der muss auch strukturell ermöglicht werden, durch entsprechende Kommunikationszeiten und -orte zum Beispiel. Der muss zur Routine werden.
Klären, was geht und was nicht geht, ist notwendig, wenn die Identität der Organisation (er-)lebbar sein soll, wenn die entsprechenden Strategien den Organisationsalltag verändern sollen. Aus gut klingenden Grundsätzen müssen neue Routinen werden, ein verbesserter und vereinfachter Arbeitsalltag. Erst dann zeigen sich auch die prophezeiten positiven Effekte, auf die jeder Träger oder Eigner spekuliert; Effekte allerdings, die nicht wirklich nachweisbar sind – womit aus der ethischen Debatte, ob moralische Maßnahmen den Charakter rentabler Investition oder selbstloser Opfer haben (müssen), der Dampf entweicht.

> In Organisationen werden strategische Entscheidungen herunter gebrochen auf die operative Ebene. Dazu braucht es Regeln, die in das Alltagsgeschehen eingreifen und Routine schaffen. Das erspart nicht nur Enttäuschung, das spart auch die Zeit und die Kraft, die in der sonst routinemäßig angezettelten Diskussion („sollten wir nicht diesmal doch ...?“) verbraucht wird.
> Organisationen brauchen Personen, die hinter diesen Regeln stehen und die Routinen unterstützen – mit der dazu notwendigen Haltung und Kompetenz.

In Organisationen, die auf eine moralische Identität verweisen, erwartet man zu Recht strategische Entscheidungen für deren Umsetzung und Routinen, die den Alltag entsprechend prägen. Einerseits. Andererseits sind die Erwartungen gebremst, denn der Verdacht ist nicht ganz aus dem Weg zu räumen, dass sich Organisationen eher schwer damit tun, radikal aktiv zu werden, sich notfalls radikal zu verändern. Man kennt zum Beispiel das durchaus moderne Kommunikationsverständnis der Leitungsebene – in den Leitbildern steht es auch schwarz auf weiß. Aber man traut dessen Umsetzung (und damit auch der Relevanz der Leitbilder) wenig zu. Man weiß schließlich auch von den traditionellen Kommunikationswegen und -barrieren, und dass die sich tief in die Organisationsstrukturen eingeschrieben haben.

Die Arbeit an der Identität des Unternehmens ist ein ständiger Prozess: Wer kennt es nicht, das ständige Arbeiten an der Optimierung organisationaler Abläufe. Evaluation, Qualitätsmanagement und Risikomanagement; und wenn sich da noch immer keine optimale Lösung zeigt, vielleicht Fehlermanagement? Selbst wenn die Lösungsstrategien optimal sind, selbst wenn Mitarbeiterinnen und Mitarbeiter auf allen Ebenen mitmachen – der endgültige Zustand ohne Sollabweichung stellt sich einfach nicht ein.

Der Gott, der anspruchsvolle Weisungen gibt auf dem Weg zur Freiheit und zur Liebe, der gibt auch Weisung für den Fall des Abweichens vom Weg. Der gibt Weisung, wegzukommen von der chronischen Fixierung auf das „ist voll erfüllt“ – Ergebnis, das „0-Fehler“ -Prinzip, mit dem wir uns ständig selber als defizitär etikettieren. In der christlichen Botschaft hat auch das nicht ganz Gelungene, das nicht ganz Erreichte, das nicht End-gültige seinen Charme. Die Vollendung ist Sache Gottes. Er steht für das Ganze, nicht wir.

Literatur

Gärtner, H. / Jünemann, E., u. a. (Hrsg.): Norbert Schuster. Kursbuch Management und Theologie, Freiburg, 2007.

Jünemann, E., Wir brauchen ein Leitbild!“ in: Lebendige Seelsorge 54 (2003) 298-304.
Jünemann, E. / Wertgen, W. (Hrsg.): Organisierte Nächstenliebe. Was das Soziale Handeln der Kirche ausmacht, Magdeburg, 2009.
Lob-Hüdepohl, A. / Lesch, W. (Hrsg.): Ethik sozialer Arbeit. Ein Handbuch, Paderborn, 2007.
Luhmann, N., Vertrauen, Stuttgart, 2000.
Pierer von H. / Homann K., u. a.: Zwischen Profit und Moral. Für eine menschliche Wirtschaft, München/ Wien, 2003.
Schramm, M.: Ökonomische Moralkulturen. Die Ethik differenter Interessen und der plurale Kapitalismus, Marburg, 2008.
Steffensky, F.: Die zehn Gebote. Anweisungen für das Land der Freiheit, Würzburg, 2003.

Kai G. Sander

Das zweite Gebot: Du sollst den Namen Gottes nicht verunehren

Weil Gott definiert ist als der, der befreit, verbietet das 2. Gebot dem Volk Israel alle denkbaren Pervertierungen der Freiheitsmacht – sonst verspielt es seine Freiheit.

Es geht um den Freiheitsraum: Integrität

In der sozialphilosophischen Verwendung meint Integrität die Ganzheit und Unversehrtheit (des an sich zerbrechlichen Lebens) In der moralisch-ethischen Verwendung die Selbsttreue. In der eher psychologischen Verwendung die kohärente Einheit in der Vielheit divergierender Lebensvollzüge. In der (computer-) technischen Verwendung: „Jedes Datenelement bleibt so, wie es zuletzt vom autorisierten Benutzer verlassen wurde." Das alles trifft zu und lässt sich zusammenfassen: Eine Integrität ist zu wahren, die Vertrauen verdient, weil sie nach außen und nach innen für das gewählte moralische Programm (ein) steht.

Das zweite Gebot des Dekalogs in seiner christlichen Variante möchte dazu einladen, die wesentliche Beziehung zwischen der Ehre Gottes und dem menschlichen Verhalten zu bedenken und zu beachten. Positiv gewendet wird dem Menschen und jeder menschlichen Gemeinschaft hierdurch ausdrücklich die Möglichkeit eingeräumt, durch das menschliche Leben und Tun die Ehre Gottes zu vermehren! So weit wird hier die Dimension des von uns zu Verantwortenden und Gestaltenden abgesteckt.
Es geht also um die Ausrichtung des Menschen in seinem Denken, Planen und Handeln auf Gott und dessen Lob. Dass der jüdische Dekalog als zweites Gebot das Bilderverbot aufführt („Du sollst dir kein Bildnis machen"), welches die Christen dann durch das Gebot der Ehrung des Gottesnamens ersetzt haben, bedeutet unter diesem Aspekt keinen wirklichen inhaltlichen Unterschied, sondern

ist nur Ausdruck des veränderten Zugangs zu dem Gott, der in seinem Sohn Jesus Christus als Mensch unter uns Menschen erschienen ist, der sich uns also selber in diesem seinem „Bild“ (Kol 1,15) offenbart hat. Wenn der Dekalog in seiner traditionellen christlichen Fassung von „nicht verunehren“ spricht, handelt es sich hierbei um eine Art doppelter Verneinung, also um die Forderung, alles zu vermeiden, was die Ehre Gottes beschädigt – oder positiv gesagt: die Ehre wahren und vermehren.

„Den Namen Gottes nicht verunehren!“ – Gewaltig ist die Reichweite menschlicher Verantwortung, wenn man diesem Impuls folgt, denn dem Menschen wird für sein Handeln, seine Lebensführung und die Wahrnehmung seiner sozialen Verantwortung die Fähigkeit zugesprochen, dadurch den Namen Gott zu „ehren“ oder zu „verunehren“. Im Denken der Heiligen Schrift ist dabei mit dem Namen unendlich mehr gemeint als bloß ein Wort oder ein Rufname. Zum einen ist nämlich zu bedenken, dass Israels Gott der ist, der sich nicht hinter einem Namen versteckt, sondern sein „Name“ – Jahwe – ist gerade die Verweigerung eines Rufnamens, hinter dem sich die Person entziehen könnte. Am brennenden Dornbusch (Ex 3,14) stellt Gott sich nicht in eine Reihe mit den benennbaren Götzen, die man in den Religionen der anderen Völker anrufen oder auch schmähen kann, er weist sich vielmehr aus als der „Ich bin da“.

Für die Gottesbeziehung der biblischen Religion ist dies der entscheidende Bezugspunkt. Die in Unfreiheit und Abhängigkeit („Sklaverei in Ägypten“) geratenen Menschen, die aus eigener Kraft keinen Ausweg finden, sind dennoch, ganz ohne eigene Verdienste, bei Gott keineswegs in Vergessenheit geraten. Er hat längst den Plan zu ihrer Rettung und Befreiung beschlossen und setzt ihn unaufhaltsam, Schritt für Schritt, in die Tat um. Dazu beruft und beauftragt er einzelne Menschen, so z. B. den Mose, und weiß auch widrige Umstände und feindliche Mächte („Pharao“) geschickt in den Dienst seines umfassenden Heilsplanes zu nehmen. Er gibt sich so zu erkennen als der Befreiende, der „da ist“, um sein Volk ins Weite hinauszuführen. Seine Anwesenheit ist rettende Heilsgegenwart, sein Dasein setzt in Freiheit, und der Erhalt dieser Freiheit ist damit von wesentlicher Bedeutung, also gleichsam seine „Ehrensache“. So ist der Name „Jahwe“ der Inbegriff von Zukunft und Hoffnung für die Glaubenden. In diesem Sinn greift das zweite Gebot des Dekalogs den Prolog der Gebote auf: „Ich bin Jahwe, dein Gott, der dich aus Ägypten herausgeführt hat.“ Als Jahwe gibt sich Gott somit unmittelbar in das Geschick, in die Erfahrung der Menschen hinein: als der Rettende, der Befreiende. In diesem Kontext steht auch das Gottesbild des jüdischen „Rabbi“ Jesus aus Nazareth, und so begreifen seitdem auch die Christen Gott als Retter und Befreier und seinen Namen als Trost und Inbegriff des Heils.

> Unser menschliches Leben ist in der Lage, aktiv und passiv dazu beizutragen, auf der Erde die Ehre Gottes zu vermehren.

Den Namen Jahwe sprechen gläubige Juden aus Ehrfurcht und Liebe deshalb gerade nicht aus, sondern ersetzen ihn in ihren Texten und Gebeten durch „der Herr“ (Adonai), aber sie wissen, dass durch diese Offenbarung des Jahwe-Namens, durch dieses Vertrauen Gottes in sein Volk, er selber mitten unter uns anwesend ist. In der Sprache der Heiligen Schrift wird deshalb davon gesprochen, dass Gott seinen Namen inmitten seines Volkes, im Tempel, wohnen lässt (z. B. Esr 8,3-5; Neh 3,29). Der Name, die Zusage, dass er mitten unter uns ist, liebevoll und mächtig, befreiend und diese Freiheit garantierend – das ist also eine zentrale Form seiner Anwesenheit: in unserer Welt, in unseren Gemeinschaften und auch in der Gesinnung eines jeden Einzelnen.

> Durch seinen Namen ist Gott in unserer Welt anwesend – ganz konkret als der Befreiende, der Leben Ermöglichende, der neue Wege Eröffnende.

Wenn uns nun vor Augen gestellt wird, dass wir in der Lage sind, durch unser Verhalten, unser Planen und Denken Gottes Namen zu ehren oder zu verunehren, ihn groß oder klein, heilig oder lächerlich sein zu lassen, dann soll uns dadurch drastisch vorgeführt werden, wie weit reichend wir Wirklichkeit gestalten und damit als Wirklichkeit erst setzen können – und dies auch müssen, denn diese Verantwortung lässt sich nicht abstreifen. Wer sich skrupulös dem Handeln verweigern würde, hätte schließlich auch dadurch eine Entscheidung getroffen. Das zweite Gebot sagt uns, dass Gott dies wahrnimmt, dass es für ihn eine Rolle spielt, bedeutsam ist, wie wir leben und wie wir uns in Bezug auf ihn positionieren. Denn wie wir seine befreiende Anwesenheit unter uns, seinen „Namen" also, annehmen und wahrnehmen oder ablehnen und bestreiten: darin entscheidet sich nachhaltig und letztgültig, wie wir mit uns, mit den anderen und letztlich mit all dem uns anvertrauten Leben umgehen. Nutzen wir all diese Geschenke? Erkennen wir sie überhaupt? Oder wenden wir all die Möglichkeiten und Ressourcen a priori ins Negative und „biegen uns zurück in uns selber"? Mit diesem bemerkenswerten Ausdruck beschreibt einer der tiefsinnigsten Kenner der menschlichen Psyche aus der christlichen Antike, der Heilige Augustinus, das Wesen der Sünde: die sich verkapselnde Zurückwendung des Menschen in sich selber – ein Gedanke, den auch Martin Buber gerne aufgreift, denn diese Art der Dialogverweigerung gegenüber Gott ist letztlich für den Menschen tödlich. Genau davor will dieses grundlegende Gebot uns bewahren, indem es uns nachdrücklich einlädt zur Offenheit für die befreiende Gegenwart Gottes in seinem Namen – bis hinein in die konkretesten Taten und Entscheidungen unseres Lebens.

Die Bilanz menschlichen Lebens bestimmt sich demnach nicht einfach aufgrund der messbaren Leistungen. Man kann Menschen bzw. ihr Leben und auch ihr gesamtes Lebenswerk also nicht einfach nach dem beurteilen, was sie materiell leisten oder produzieren, sondern unsere „Produktivität" ist ganz etymologisch-wörtlich zu nehmen (von lat. producere): als das, was wir „hervorbringen" – Worte, Taten, Leistungen, Unterlassungen und auch Gedanken, die aus dem „Herzen" hervorkommen. Denn wovon das Herz voll ist, davon geht der Mund über (vgl. Mt 3,7; auch: Mt 15,18, Mk 7,21, Lk 6,45). Die Gesinnung sagt im Angesicht Gottes mehr über den Menschen, seine Existenz und sein Lebenswerk aus als die oft nur vermeintlichen Erfolge oder Misserfolge. Insofern spiegelt sich auch im zweiten Gebot ein respektvolles, wertschätzendes Bild vom Menschen, der zur Freiheit berufen und in die Letztverantwortung für sein Tun und Lassen eingesetzt ist.

> Durch unser Handeln und Ruhen, Tun und Lassen, Denken und Trachten gestalten wir Wirklichkeit, deren Bedeutung weit über die Grenzen unseres eigenen Lebens hinausreicht.

Nicht allein der Bereich des Materiellen bestimmt die Wirklichkeit, in der wir leben – und letztlich auch unser Lebensgefühl. Die „Ideen“, die Gedanken, die einen Menschen erfüllen, prägen und leiten, sind wenigstens ebenso aussagekräftig. Nicht selten lässt sich voll Respekt und Bewunderung beobachten, welche Leistungen Menschen bringen können, welche Leidensfähigkeit sie besitzen, welche Geduld, welche Opferbereitschaft, welches Engagement – wenn nur die Sinnebene klar ist, wenn ihnen nur das „Wozu?“ einsichtig ist und als wertvoll angenommen wird. An dieser Beobachtung wird leicht nachvollziehbar, dass unsere eigentliche Stärke aus der Sinn- und Zielperspektive kommt. Wenn hier Sicherheit besteht, wenn einsehbar wird, wozu wir etwas tun; wenn das Erstrebte als gut, gerecht, erfüllend, wertvoll, sinnvoll akzeptiert wird, dann können Menschen mit innerer Zustimmung Lasten auf sich nehmen, sich Aufgaben und Herausforderungen zuwenden, Verzicht und Einschränkung aushalten und bejahen. Das Wohl und Wehe entscheidet sich also zutiefst am Gelingen der Sinnorientierung. Wenn hier Einklang und Übereinstimmung mit den tragenden Werten, mit der Schöpfungsordnung, mit der „Ewigkeitsbedeutung“ empfunden wird, wenn Menschen also fühlen und nachvollziehen können, dass ihr konkretes Handeln über die Grenzen des eigenen Daseins hinaus auf den absoluten Sinn- und Wertgeber des Lebens hinaus verweist, dann finden sie im Planen und Tun und Gestalten erst zu ihrer wahren Größe und eigentlichen Bestimmung. Nicht umsonst hat der Psychotherapeut Viktor E. Frankl das Konzept seiner „Logotherapie“ auf eben diese Überzeugung gegründet, dass allein die Sinnebene dazu in der Lage ist, dem Menschen wirkliche Zufriedenheit in seinem konkreten Leben zu

ermöglichen. Wenn hier Störungen empfunden werden, Unklarheiten unaufgeklärt bleiben, Frustration aufkommt, dann ist damit bereits der Keim zu weiteren Leiderfahrungen gelegt. Und umgekehrt kann die Klärung der Sinnebene, des „Wozu“ von Aufgaben, Situationen und Forderungen, entscheidend dazu beitragen, Herausforderungen anzunehmen und neuen Einsatz aufzubringen.
In diesem Kontext ist auch das christliche Haupt- und Doppelgebot zu lesen: „Du sollst den Herrn, deinen Gott, lieben mit ganzem Herzen und ganzer Seele, mit all deiner Kraft und all deinen Gedanken, und: Deinen Nächsten sollst du lieben wie dich selbst“ (Lk 10,27 par.). Hier wird nicht Liebe befohlen, sondern sinnvolles, gelingendes Leben ermöglicht. Gott lieben aus ganzem Herzen und mit der fundamentalen Ausrichtung meiner Gedanken: darin wird mir die Bejahung meiner selbst und meines Lebens mit den anderen erst ermöglicht. Die Hinzufügung „mit all deinem Denken“ ist dabei neu gegenüber dem hebräischen Vortext (Lev 19,18), denn die griechische Sprache führt diesen Begriff der „Gedanken“ erstmals in die biblische Ethik ein: Gott lieben mit dem Herzen, mit der Seele, mit der Kraft und mit dem Denken – und dann ganz folgerichtig auch den Nächsten und sich selbst lieben können. Bereits Rabbi Hillel (Ende des 1. Jh. v. Chr.) hatte diese beiden Gebote so kombiniert, wie Jesus von Nazareth das dann wiederholt. Aber dass die fundamentale Selbsttranszendenz des Menschen über die Grenzen seines Ego und seiner Welt hinaus als Gottesliebe in Herz und Denken beschrieben wird, diese tiefgehende biblische Überzeugung wird erst im neutestamentlichen Text so ausdrücklich ins Wort gebracht. Gott, der unsere Freiheit setzt und erhält, und unser menschliches Miteinander, in dem wir unsere Freiheit gebrauchen können – beide Ebenen zusammen werden zum Feld der Bewährung unserer Lebensgestaltung.

> Die innere Gesinnung, aus der heraus Taten vollbracht werden, entscheidet nachhaltiger über die Bilanz menschlichen Lebens als nur allein der äußerlich messbare Effekt.

> Nur aus dem Bewusstsein heraus, etwas Sinnvolles tun und mitgestalten zu dürfen, kann wirkliche Zufriedenheit erwachsen.

So lädt das zweite Gebot des Dekalogs gleich zu Beginn des ethischen Diskurses ein zu einer fundamentalen Überprüfung der grundsätzlichen Lebensausrichtung: Wozu bin ich da? Wozu soll mein Leben insgesamt dienen? Woraufhin arbeitet unsere Gemeinschaft? Wozu soll unser ganzes Unternehmen dienen? Wird durch meinen, durch unseren gemeinsamen Beitrag die Ehre Gottes gemehrt? Welche Umstände, Dinge oder Verhaltensweisen könnten auf der anderen Seite kontraproduktiv wirken, also: Gottes Namen verunehren, Gottes Ehre schmälern?
Es zeigt sich an diesem Punkt auch das überzeitlich Verbindliche des Dekalogs, denn die konkreten Fragepunkte werden nicht im Text festgelegt. Das ist ein Glück, denn für jede Epoche, für jeden kulturellen und sozialen Kontext muss diese Weisung neu geprüft und inhaltlich gefüllt werden. Letztendlich ist hier ein Ansatzpunkt auch für die personale Entscheidung des individuellen Gewissens in seiner Unvertretbarkeit vor Gott. Ich von Gott erschaffener und bejahter Mensch muss mich fragen: Wie kann ich Gottes Ehre mehren in dem Leben, das mir gegeben und anvertraut ist, an dem Ort, an den ich mich jetzt gestellt sehe, in der Verantwortung, in der ich gefragt bin, mit den Talenten, die mir übertragen wurden?

> In seiner Verantwortung vor Gott ist jeder Mensch unvertretbar. Das ist die Grundlage seiner Einmaligkeit und Gottebenbildlichkeit und setzt den entscheidenden letztgültigen Maßstab für unseren Umgang mit den anderen.

Mein Leben hat mit Gott zu tun. Das zweite Gebot lässt an dieser Grundeinsicht keinen Zweifel aufkommen. Der Gottesbezug wird dabei gar nicht primär im Sinne von Religiosität gedacht, also als bewusster, gestalteter, vielleicht sogar institutionalisierter Bezug. Vielmehr ist die Relation zwischen Gott und Mensch in der Logik der Heiligen Schrift eine längst von Gott her eröffnete Beziehung. Es handelt sich also um eine Wesensaussage, wenn der Dekalog voraussetzt, dass unser Menschenleben individuell und gemeinschaftlich die Ehre Gottes je nachdem mehrt oder mindert. Gerade deshalb reden wir ja auch von menschlicher „Existenz“ und nicht nur im biologischen Sinn von Lebewesen. Das Entscheidende dieser menschlichen Existenz (Ex-Sistenz = Ausstehen auf ... hin) ist ihre Offenheit, ihre Grundausrichtung auf den Anderen hin, die Tatsache, dass sie sich niemals selber genügt, im Letzten also ihre Verwiesenheit auf Gott. Wenn diese Dimension stimmt, wenn hier auch ein bewusstes Fundament gefunden wird, wenn Wesen und Wollen des Menschen in Einklang stehen, dann wird die Leistungsfähigkeit und Spannkraft des Menschen gewaltig. Als Zielvorgabe kann man in der christlichen Tradition jenes lobpreisende Bekenntnis benennen, dass der Lukas-Evangelist der Mutter Jesu in den Mund legt: „Meine Seele macht groß Gott den Herrn!“ (Magnifikat, Lk 1,46).

> Wenn wir das Ziel unseres Handelns als tragfähigen Sinn, d.h. als mit Gott, seinem Auftrag und mit dem Ganzen des Lebens in Einklang stehend annehmen, kann unsere Einsatzbereitschaft maßgeblich gesteigert werden.

Seiner Form nach schließt das Gebot aber auch eine Warnung ein: „Du sollst ... nicht ...“ Eine bestimmte Haltung, ein bestimmtes Bündel von Taten oder Einstellungen wäre uns zum Schaden, und deshalb wird geboten, solches zu vermeiden. Indem auch diese gleichsam „negative“ Seite des Dekalogs die gebührende Beachtung findet, können diese Worte der Weisung erst ihre volle reinigende und läuternde Kraft entfalten. Nicht aus Willkür erfolgende Verbote oder Einengungen begegnen dem Suchenden und Glaubenden hier, sondern Orientierung, Hilfestellung, Sehhilfe, um wahr und falsch, Zukunftweisendes und Trügerisches voneinander zu scheiden und das wählen zu können, was wirklich von Nutzen ist, was bleibende Früchte trägt.

Lassen wir unter diesem Aspekt auch die reinigende, läuternde Seite der zweiten dieser zehn Weisungen auf uns wirken: „Du sollst den Namen Gottes nicht verunehren!“ Offensichtlich gibt es also eine Verwendung, einen Bezug auf Gott und seinen Namen, der nicht „zur Ehre gereicht“ – Gott nicht und auch nicht dem Menschen und seiner Gemeinschaft mit Gott und seinesgleichen. Es besteht die Gefahr einer Berufung auf Gott – gut gemeint oder betrügerisch –, die nicht Gottes Ehre sucht, sondern eigenen Zwecken dient. Gottes Ehre ist der lebendige, freie und lebensfrohe Mensch. So lehrte schon im zweiten Jahrhundert Irenäus von Lyon: „Die Ehre Gottes ist, dass der Mensch leben kann“ (gloria Dei pauper vivus). Denn dazu hat Gott uns erschaffen und berufen, und indem wir dieses Geschenk ergreifen, mehren wir die Größe seines Werkes. Was aber nun, wenn ein Mensch oder eine Gemeinschaft den eigenen Zwecken folgt, nur die eigene Ehre und den eigenen Vorteil sucht? Leicht kann es geschehen, dass auch solche „Rückbiegung auf sich selber“ (s. o.) in den Irrtum verfällt, ein religiöses Gebot zu erfüllen. Und hier ist nun die Gabe der „Unterscheidung der Geister“ (Ignatius von Loyola) gefordert. Dazu will das zweite Gebot ermutigen und auffordern: die eigene Gesinnung aufrichtig und kritisch zu hinterfragen: Ist es wirklich Gottes Ehre, die wir suchen, oder verzwecken und missbrauchen wir letztendlich nicht sogar den Gottesnamen, um unseren eigenen Zielen und Plänen nur mit noch mehr Nachdruck folgen zu können? Ein Indiz einer solchen Verirrung könnte sein, dass Menschen zentnerschweren Leistungsdruck fühlen, einen pausenlosen und uferlosen Irrweg, ausweglose Enge, dahinschwindende Geduld, anschwellende Verzweiflung oder schleichende Resignation und am Ende beißenden Zynismus. Und – gewaltige Perversion des höchsten Gutes – all das kann unter (vermeintlicher) Berufung auf den Namen Gottes geschehen. Du musst, du sollst, du darfst nicht nachlassen, da muss man durch … In Wahrheit stehen hinter solchen Parolen immer ganz andere Namen, Namen von Menschen, vielleicht nicht selten sogar der eigene …

> Unsere Verantwortung vor Gott ruft uns zur aufrichtigen und vertrauensvollen Selbstkritik, um zu durchschauen, wo wir die uns von Gott eröffnete

> Freiheit leichtfertig durch selbst errichtete Zwänge beschneiden.

Das zweite Gebot beschreibt die Menschen in ihrem Tun und Trachten also als „im Namen Gottes Stehende“, als solche, über denen Gott seinen Namen ausgerufen und die er damit befreit hat von Verlorenheit und Fremdherrschaft. Seine Ehre zu suchen und zu mehren – als lebendige Menschen, inmitten der gelingenden Gemeinschaft all jener, in die Gott uns hineingestellt hat, darin wird ein Schlüssel zur tiefen Sinndimension unseres Daseins erblickt. Noch lange vor der Frage nach Religion und Glaube, Kirche und Gottesdienst, Moral und konkreten Einzeltaten ist hier bereits eine Grundentscheidung gefordert, ein bewusstes Annehmen jener höchsten und weitestreichenden Dimension, die unserer menschlichen Existenz überhaupt möglich ist. Prägend für dieses fundamentale menschliche Existenzial ist, dass von dieser höchsten Höhe bis hinein in mein ganz konkretes Leben, hier, jetzt, in diesem Augenblick, eine wesentliche Relation besteht.

> In Gottes Namen stehen: dieses Bewusstsein führt einen Spannungsbogen vor Augen, der jeden scheinbar noch so unbedeutenden Moment unseres Lebens in seiner unmittelbaren „Ewigkeitsbedeutung“ aufscheinen lässt.
> Aus diesem Bewusstsein erwächst die Freiheit und Bereitschaft, mit Mut und Vertrauen neue Wege zu beschreiten, wo wir dies als erforderlich erachten.

Literatur

Barth, M.: Lebe den Tag. Von der Endlichkeit und der Kunst zu leben, Hamburg, 2000.

Berschneider, W.: Sinnzentrierte Unternehmensführung. Was Viktor E. Frankl den Führungskräften der Wirtschaft zu sagen hat, Lindau, 2003.

Klinger, E.: Das absolute Geheimnis im Alltag entdecken. Zur spirituellen Theologie Karl Rahners, Würzburg, 2001.

Lauster, J.: Religion als Lebensdeutung. Theologische Hermeneutik heute, Darmstadt, 2005.
Lukas, E.: Wie Leben gelingen kann, Gütersloh, 2000.
Rahner, K. / Welte, B.: Mut zur Tugend. Von der Fähigkeit menschlicher zu leben, Freiburg i. Br. u. a., 1987.
Schellenberger, B.: Auf den Wegen der Sehnsucht. Zum spirituellen Leben heute, Freiburg i. Br. u. a., 2004.
Schmidt, Th. M. / Bachmann, M. L. Religion und Kulturkritik, Darmstadt, 2006.
Welte, B.: Religionsphilosophie, Freiburg i. Br., 1997.

Elisabeth Jünemann

Das dritte Gebot: Du sollst den Feiertag heiligen

Wenn Israel den Sabbat auch unter schwierigen Bedingungen, im Exil, als Tag der Befreiung feiert und als Tag der Ruhe hält, dann stützt es eine Zeit- und Lebensordnung, die dem Menschen gut tut – und stärkt seine Freiheit.

Es geht um den Freiheitsraum: Heilige Zeit.

Für Soziale Organisationen ein Dilemma: Auf der einen Seite die Notwendigkeit, einen individuellen und (weil das Ruhen von der Arbeit nur möglich ist, wenn es sozial eingehalten wird) sozialen Tag der Ruhe herauszuschneiden aus dem Alltag. Für die Mitarbeiterinnen und Mitarbeiter genauso wie für die Frauen und Männer, die in den Einrichtungen leben. Auf der anderen Seite die Notwendigkeit, in unseren sozialen Einrichtungen die soziale Ruhe zu brechen, weil Menschen dort auf Dienste angewiesen sind.

Am Sonntagmorgen findet sich Herr M. schwerer als gewöhnlich damit ab, dass sich, seit er vor einem guten halben Jahr seinen eigenen Haushalt in der Rosenstrasse aufgelöst hat und hier in die Seniorenresidenz gezogen ist, sein Tagesablauf geändert hat. Er gehört, sagt er, zu der Generation, die den Sonntag ernst nimmt – als Tag, an dem man nicht arbeitet, an dem man morgens zur Kirche geht und an dem man Zeit hat, mit der Familie, mit Freunden zusammen zu sein. Der Sonntag fing an mit einem besonderen Frühstück, mit Stuten und einem 4-Minuten-Ei. Danach ging man zum Hochamt in St. Severin. Nach dem Mittagessen, zu dem später auch die schon erwachsenen Kinder nach Hause kamen, war Zeit für gemeinsame Ausflüge, Spaziergänge oder, wenn die Enkel da waren, für Spiele. Das war immer so. Das war schön so. Und das vermisst er jetzt hier sehr. Das Sonntagsfrühstück ist rarer als sonst, das Mittagessen auch, der Sonntagskuchen liegt abgepackt neben dem Mittagessen. Die Messe aus der Kirche der Nachbargemeinde wird ins Haus übertragen; eine gute Idee, besser als sich die normale Fernsehübertragung anzuschauen, findet er. Aber er geht, er ist ja noch gut zu Fuß, dann doch lieber in die Kirche. Wenn er dann zurück ins Haus kommt, fehlt ihm, so ganz genau weiß er selber nicht, woran das liegt, die Sonntagsatmosphäre. Hier ist, klagt er, der Sonntag kein Sonntag.

Wann für die Deutschen der Sonntag (k)ein Sonntag ist

„Was machen Sie am Sonntag?“ Zuhause sein, in Ruhe Dinge zu tun, für die in der Woche keine Zeit ist. Das antworten 79 % der so befragten Deutschen. Empirische Untersuchungen in unterschiedlichen Milieus bestätigen das alte Bild vom Sonntag als Familientag. Die Befragten verbringen diesen Tag zusammen mit ihrem Partner, Kindern, anderen Verwandten, aber auch mit Freunden, Nachbarn. Sonntags sind mehr Personen zu Fuß in der Natur unterwegs als an anderen Tagen. Lokale, Restaurants und Kneipen werden sonntags auch gern genutzt, auch wenn als Ausgehtag lieber der Samstag genutzt wird. 78 % der Befragten gefällt das so. Sie sind, warum auch immer – was die sonntägliche Hochstimmung begründet bleibt offen – sonntags sehr gut bis gut drauf. Die restlichen 22 %, die den Sonntag nicht in bester Stimmung verbringen, die sich sonntags weniger gut als von Montag bis Freitag fühlen, sind überwiegend gut ausgebildet, arbeiten in höheren Positionen und sind im so genannten besten Mannesalter. Im Vergleich zu früher kleiden sich heute nur noch knapp 50 % der Deutschen sonntags besser als werktags. Dafür sorgt man sonntags für die Garderobe, die man in der Woche trägt, 14 % aller Interneteinkäufe werden sonntags getätigt. Die Frage nach dem Kirchgang wird in den neueren repräsentativen Umfragen erst gar nicht gestellt.

„Was machen Sie am Sonntag auf keinen Fall?“ Obwohl sich die Diskussion um die Sonntagsruhe hauptsächlich an der Möglichkeit zum sonntäglichen Einkaufen entzün-

det, würden 50 % der Befragten, auch wenn die Geschäfte sonntags geöffnet wären, dann gar nicht einkaufen gehen. Sogar die Jüngsten, die 14- bis 29-Jährigen, lehnen zu 40 % den Sonntagseinkauf ab. Sogar die Sonntagsbrötchen beim Bäcker kaufen 31% grundsätzlich nicht. Ungefähr die Hälfte der Deutschen (in Baden-Württemberg 58 %; in Norddeutschland nur 35 %) würden sich sonntags nicht mit Heimwerken beschäftigen oder am Auto basteln. Überstunden leisten oder zusätzliches Geld verdienen würden im Osten 48 %, im Westen 41 % der Personen nicht. 42 % erledigen keine nicht ganz dringenden Hausarbeiten. Die Steuererklärung an einem Sonntag zu machen halten 47 % der Ostdeutschen und 38 % der Westdeutschen für unangemessen. Nur für 14 % der Befragten gibt es nichts, was sie an einem Sonntag nicht tun würden.
Wann ist der Sonntag ein Sonntag? Die Diskussion um das, was man vom Sonntag erwartet, bleibt kontrovers. Die einen wollen

- eine grundsätzliche „Liberalisierung" der Öffnungszeiten bzw. der Arbeitsruhe,
- das Recht auf das Sonntagsvergnügen des gemeinsamen Einkaufs.
- die Freiheit, den Rhythmus der Zeit individuell zu bestimmen.

Die anderen brauchen

- einen grundsätzlichen, rechtlich geschützten Ruhetag am Sonntag,
- das Recht, an einem Tag der Woche mit anderen gemeinsam frei zu haben,
- die Freiheit, den Sonntag in christlicher Tradition zu feiern.

Von der Freiheit, den Sonntag zu heiligen

Zumindest haben die, die auf einen grundsätzlich arbeitsfreien Sonntag bestehen, der die Möglichkeit gibt, gemeinsam mit anderen etwas zu unternehmen, nicht zuletzt den Besuch der Sonntagsmesse, eine lange Tradition im Rücken. Eine Tradition, die (vgl. dazu den Beitrag von

Rainer Dillmann) zurückgeht auf den alttestamentlichen Sabbat. Auf den Sabbat als

- Tag, der frei ist von Arbeit
- Tag der sozialen Ruhe
- Tag der Identität des Volkes.

Der christliche Sonntag hat viel zu tun mit dem alttestamentlichen Sabbat. Trotzdem ist er anders. Im Neuen Testament entsteht er neben dem Sabbat – als der „Herrentag", der erste Tag der Woche. Es ist der Tag der Auferstehung. Es ist, davon berichtet die Apostelgeschichte, der bevorzugte Tag des Brotbrechens, also der Eucharistie – und es ist der Tag, an dem sich die Gemeinde versammelt. (Apg 20,7). An diesem Tag soll man auch die Kollekte für Jerusalem bereithalten. Der Name „Herrentag" ist bis heute in den romanischen Sprachen als Name für den Sonntag geblieben: Lateinisch ist es der „dies dominica", italienisch „domenica", französisch „dimanche". Die germanischen Sprachen haben für alle Tage der Woche die Benennung behalten, die ihnen nach bestimmten Gestirnen oder Gestirngöttern zugeschrieben worden sind. Der Tag der Sonne, der „Sonn(en)tag, der „Sonntag" oder „Sunday", erfährt eine christliche Umdeutung: In Christus ist den Menschen die „Sonne der Gerechtigkeit" aufgegangen.
Der Sonntag, der Herrentag als erster Tag der Woche, ist der Tag, an dem

- man sich versammelt (soziale Dimension) um
- die Auferstehung Christi zu feiern (christliche Identität)

Zum Ruhetag wird er erst später – durch äußere politische Veränderungen: Entscheidend ist das Sonntagsgesetz von 321 mit einem doppelten Erlass: Alle Arbeit, ausgenommen die Feldarbeit, wird verboten, am Sonntag dürfen keine Gerichtsverhandlungen stattfinden, außer Sklavenfreilassungen. Den Soldaten wird der Sonntagsgottesdienst verordnet. Spätere Kaiser handelten ähnlich. Es wurden auch Theater, Zirkus und Tierkämpfe am Sonntag verboten. Erlaubt oder sogar gewünscht waren aber soziale Taten: Am Sonntag sollte man zum Beispiel Gefangene besuchen.
Der Sonntag wurde so zum Ruhetag der spätrömischen Gesellschaft. Ähnliche Regelungen wurden in der Franken-

und Germanenmission getroffen. Die Sanktionen bei Verstoß gegen die befohlene Sonntagsruhe waren da geharnischt: Wer am Herrentag Knechtsarbeit verrichtete, sollte den zur Rechten gehenden Ochsen verlieren. Wenn das alles nicht half, dann wurde er Unfreier, weil er offenbar nicht fähig war, seine Freiheit zu wahren. Im irischen Sonntagsgesetz aus dem Jahr 886 finden sich Kataloge von Verboten: Reit- und Reiseverbot, Handelsverbot, Verbote zu Vertragsabschlüssen und gerichtlichen Abhandlungen, Verbot, Haare zu schneiden und zu rasieren, Backverbot, Verbot, Butter herzustellen, Hausreinigungsverbot, Verbot ziellosen Umherlaufens usw.

Das Verständnis des Sonntags und auch seine (kirchen-) rechtlichen Regelungen haben seither in der Geschichte viele Stationen durchlaufen. Neben den Sonntagen gab es eine Fülle von Festtagen. Um 900 waren es 70 Ruhetage im Jahr, im 12. Jahrhundert mindestens 100, mit steigender Tendenz. Unter dem Einfluss der Aufklärung und der Industrialisierung ging die Zahl der Feiertage stark zurück. Man begann zu diskutieren über den Sinn dieser Tage und ihre Absicherung. Es gab Legitimierungsprobleme. Als das „Armenhaus" des Reiches, die Eifel, preußisch wurde, und der preußische König sich Gedanken über den Grund der Armut dieser Gegend machte, da seien ihm, so erzählt man sich in der Eifel, die Anzahl der Feiertage aufgefallen. Man kam einfach zu selten zum Arbeiten. Gegen die teilweise durchaus verständlichen Auflösungsbestrebungen setzte sich die Kirche offensiv für gesetzliche Absicherung ein – und erreichte sie in der Gewerbeordnung des norddeutschen Bundes von 1869, die dem Sinn nach heute noch gilt.

Von den Wurzeln des Sonntags im alttestamentlichen Sabbat bis zum heutigen Verständnis vom Sonntag geht es um die Kultur eines – von der Verfassung und von Gesetzen abgesicherten – Tages, der

1. schützt vor externen Arbeits- und Zeitansprüchen und Entlastung schafft (auch) vom (eigenen) Anspruch, Arbeiten erledigen zu müssen
2. anregt zu sozialen Kontakten und Aktivitäten und diese ermöglicht und koordiniert durch die Voraussetzung von Gleichzeitigkeit.

3. integriert und identifiziert durch die Erfahrung von gemeinsamer Kultur- und Lebenspraxis.

Die Freiheit, einen Sonntag zu erfahren, der Arbeitsruhe ermöglicht

Den Alltag, die Werktage durch einen Ruhetag regelmäßig zu durchbrechen – das mutet anachronistisch an. Flexibilität ist das Zauberwort! Jedem soll jederzeit alles, immer und sofort möglich sein. Wir haben uns längst befreit von der Einschränkung durch natürliche Zeitvorgaben; Dunkelheit überwinden wir mit elektrischem Licht, gegen störende Kälte im Winter, hemmende Hitze im Sommer wissen wir Heizung und Klimaanlage anzuwenden. Von sozial verbindlichen Zeitvorgaben befreien wird uns zunehmend: Zeit wird entroutinisiert, enttraditionalisiert. Das hat Vorteile: Wir entscheiden frei über unsere Zeit. Was wir wann tun oder nicht tun, das liegt in unserer Hand. Und das hat Nachteile: Wir sind gezwungen, zu entscheiden, was wir wann tun oder nicht tun. Zeit zum Essen, Zeit zum Arbeiten, Zeit zum Beten, Zeit zum Ruhen – die muss gesucht und verteidigt werden. Zeitorganisation wird zum individuellen Problem. Statt des natürlichen oder sozialen Rhythmus´ orientieren uns Zeitmanagementseminare, Zeitplanbücher oder elektronische Terminkalender. Die Abhängigkeit von der Zeit ist nicht weniger geworden, aber anders.
Zeitliche Flexibilität muss, soll sie tatsächlich aus Zeitzwängen befreien, durch prinzipielle Vorgaben abgesichert werden. Flexibilität braucht ein orientierendes Maß, das selber stabil, nicht flexibel ist. Alle Gesellschaften kennen sozial organisierte Ruhepausen, Zeiten der Anspannung und Zeiten der Entspannung. Zeiten, in denen man frei ist von Zeit- und Leistungsdruck, frei von jedem ökonomischen Kalkül. Der Mensch braucht Pausen als Abstandhalter. Pausen als „Lücken zwischen Gewesenem und Zukünftigem“ (K. A. Geißler). Er braucht Zeit zum Alleinsein. Er braucht Zeiten der Ruhe. Je unruhiger und aufgeregter die Zeit, desto notwendiger die Ruhe-Pausen.
Ein allgemein anerkannter und von Kirche, Staat, Gewerkschaften und Parteien nicht in Frage gestellter Sonntag

bietet jede Woche einmal einen Tag lang Schutz vor externen zeitlichen Ansprüchen. Er kann den Einzelnen gegenüber dem Zugriff auf seine Zeit schützen. Während an den Werktagen die Verfügung über die eigene Zeit mit dem Hinweis auf den Sachbezug in der Erwerbsarbeit von äußeren Instanzen legitimerweise erheblich eingeschränkt werden darf – durch arbeitsgebundene Zeit, durch Behördentermine usw. –, dreht sich sonntags die Beweislast um: Nicht die Ruhe, die man für sich in Anspruch nimmt, ist erklärungsbedürftig, sondern die Arbeit, die trotz des Ruhetages zu tun ist und getan wird.
Der Sonntag, der allgemein, vom Industriebetrieb über die Anwaltkanzlei und das Parteibüro bis zur Unternehmensberatung, als arbeitsfreier Tag gilt wird, wirkt wie eine zeitliche Schutzzone. Innerhalb dieser Schutzzone ist die Kontrolle über die eigene Zeit durch ein Zugriffstabu gesichert. Die Erfahrung, dass auch im sozialen Umfeld die Arbeit liegen bleibt, rechtfertigt das eigene Verhalten, verbietet negative Sanktionen. Das umgekehrte Beispiel liefert die Situation des Bäckers, der, weil es die anderen auch tun, nicht umhin kann, auch am Sonntagmorgen in aller Frühe die Sonntagsbrötchen zu backen.
Die allgemeine Zustimmung zum Wert des arbeitsfreien Sonntags ist auch da wirksam, wo sonntags gearbeitet werden muss, in Krankenhäusern zum Beispiel oder in Pflegeheimen. In der Wohngruppe St. Josef muss sonntags gearbeitet werden, natürlich. Die Heimleitung hat mit Personal und Bewohnern zusammen Strukturen herausgearbeitet, die das grundsätzliche Recht auf Sonntagsruhe stützen: Zum Beispiel einen auf lange Zeit hin verlässlichen und auf die Bedürfnisse aller abgestimmten Dienstplan. Und einen Tagesablauf, der, z. B. durch ein ausgedehntes Mittagessen, ein Stück Sonntagsruhe spüren lässt. Von einem verlässlichen Dienstplan träumt das Personal in der Ausflugsgaststätte Zum Anker. Hier ist Sonntagsarbeit durch die ganze Saison hindurch selbstverständlich. Dass man während der Arbeit allenfalls im Stehen zum Essen kommt, gehört dazu.

Organisationen, brauchen Strukturen, Regeln und Routinen, die den Sonntag deutlich als arbeitsfreien

> Tag aus der Reihe der Werktage herauszuschneiden. Für Organisationen, in denen Sonntagsdienste geleistet werden müssen, bedeutet das, die sonntägliche Arbeit als einen besonderen Dienst herauszustellen, der entsprechend unterstützt und gestaltet werden muss.
> Organisationen brauchen eine entsprechende Haltung und Kompetenz vor allem der Leitungspersonen, die Sonntagsruhe mit Kreativität und Fantasie auch gegen den Trend durchzusetzen weiß.

Die Freiheit, einen Sonntag zu erfahren, der Gemeinschaft ermöglicht

Ein grundsätzlich arbeitsfreier Sonntag wirkt sich auch aus auf die Arbeit auf Station 3 des städtischen Krankenhauses. Da bringt die Assistenzärztin zum sonntäglichen Visitendienst Kuchen mit ins Schwesternzimmer. Als Trost oder Belohnung oder einfach nur, um die Stimmung zu heben – denn eigentlich wäre man heute nicht hier am Arbeitsplatz sondern woanders, mit anderen Menschen zusammen, mit anderen Dingen beschäftigt.
„Zeit haben", das hat nicht nur eine quantitative sondern auch eine qualitative Dimension. Der Sonntag motiviert nicht nur, bestimmte Dinge zu lassen, sondern auch bestimmte Dinge zu tun. Bestimmte Tätigkeiten sind typische Sonntagstätigkeiten: „Weil heute Sonntag ist ...", machen wir dies und jenes. Durch den sozialen Vergleich – „alle anderen tun es auch" – liefert die Sonn- und Feiertagskultur ein eigenes Rechtfertigungsmuster. Am Sonntag ist ein Verhalten gerechtfertigt, das nicht durchgehend die ganze Woche oder das ganze Jahr über zu jedem x-beliebigen Zeitpunkten lebbar wäre. So galt zum Beispiel lange Zeit der Sonntag als der einzige Tag, an dem in weniger wohlhabenden Familien Fleisch gegessen wurde. Ein besonderes Essen, eine Rarität auf dem Speiseplan wurde verbunden mit der Herausgehobenheit des Sonntags und daraus gerechtfertigt. Das hat sich als „Sonntagsessen", vom „Sonntags-Brunch" bis zum „Sonntagskuchen" (auch im Backbuch unter diesem Namen zu finden) bis heute gehalten.

Dass der Sonntag etwas Besonderes ist, das ist im soziokulturellen System verwurzelt. Weil er etwas Besonderes ist, gelten andere Regeln. Auch, wo es um unser Verhalten geht: Man darf zum Beispiel länger schlafen, vielleicht Alkohol trinken (am Vorabend, eben weil man am nächsten Tag ausschlafen kann), die Dinge etwas lockerer sehen, den anderen Menschen, den Kindern, der Partnerin, dem Partner, den Freunden mehr Aufmerksamkeit widmen, gemeinsam zum Gottesdienst gehen. Das betrifft erstens die Art der Aktivität: Man macht sonntags etwas anderes als werktags. Das betrifft zweitens die zeitliche Strukturiertheit der Aktivitäten: Am Sonntag kann man alles etwas langsamer und länger machen. Und das betrifft drittens die soziale Zusammensetzung: Der Sonntag ist zum Beispiel der Tag der Familie; und der Tag, an dem man die Familie, wenn sie nicht da ist, besonders vermisst.

Der Sonntag gilt als zeitliche Institution. Er wirft die Frage auf, wie er denn zu gestalten sei. Und zwar gemeinsam: „Was machen wir am Sonntag?“ Das festigt und intensiviert unsere sozialen Bindungen. Zugegeben, nicht immer freiwillig; nicht jedes Sonntagsessen mit der Verwandtschaft gilt als reines Vergnügen, einen traditionellen Kaffeenachmittag samt anschließendem Sonntagsspaziergang finden Jugendliche auch schon mal ätzend. Trotzdem gilt es für eine Reihe typischer Sonntagstätigkeiten, dass sie unseren sozialen Beziehungen und Bindungen gut tun: Der Frühschoppen zum Beispiel kann dazu gehören. Das Charakteristische des Frühschoppens ist nicht der Verzehr von Alkohol, sondern ein Zusammenkommen, das sowohl an einen bestimmten Tag, an eine bestimmte Tageszeit wie an einen bestimmten Ort und an eine spezifische soziale Zusammensetzung gebunden ist.

Die sinnvolle Verwendung der vor Zugriff von außen geschützten, freien Zeit ist nicht zu trennen von den Menschen, mit denen diese Zeit verbracht wird. Der Sonntag motiviert nicht nur zu sozialen Kontakten, er erleichtert auch ihre Kalkulierbarkeit; er vereinfacht durch die übliche Gleichzeitigkeit von Arbeit und Ruhe die Koordination von Aktivitäten. Das fördert die sozialen Beziehungen. Und es ermöglicht ganz spontane Kommunikationsformen. So gesehen ist der Sonntag – eben weil er ein zeitliches Ereig-

nis mit besonderen, sozialen Regeln ist und weil er die Gleichzeitigkeit der Handlungen ermöglicht – ein wertvoller Mit-Verursacher für Gemeinschaft. Er stiftet Gemeinschaft.
Im Elisabeth-Haus ist das so: Am Sonntag, wenn die Bewohnerinnen und Bewohner nicht in den Werkstätten sind, läuft hier alles anders als an Werktagen. Da steht man später auf und kleidet sich, nachdem sich nach intensiver Beratung der sonntägliche Gammellook nicht durchsetzen konnte, mit Chic. Da deckt man gemeinsam den Frühstückstisch, mit Tischdecke und Blumen natürlich, legt die neuen CDs auf und lässt sich Zeit beim Essen. Am Sonntag ist Zeit für gemeinsame Unternehmungen – und für Unternehmungen, die Familie, Bekannte und Freunde außerhalb der Wohngruppe einbeziehen. Die Mitarbeiterinnen empfinden den Sonntag, an dem sie die Sonntagstätigkeit begleiten und unterstützen, als besonderen Tag. Nicht das Fehlen der Arbeitsruhe steht im Vordergrund, eher das Erleben von Gemeinschaft.
Das ist vermutlich das, was man Sonntagmorgen im Krankenhaus als Patientin wie als Pfleger vermisst: Etwas von dieser positiven Sonntagsatmosphäre.

> Organisationen, vor allem die, die auch an Sonntagen den Dienst von Menschen für Menschen organisieren, brauchen Strukturen, Regeln und Routinen, die den Sonntag als einen besonderen Tag herausstellen, der nicht nur dazu motiviert, Dinge zu unterlassen, sondern auch, Dinge zu tun.
> Organisationen sind angewiesen auf Menschen, die etwas von der Sonntagskultur verstehen und mit Kreativität und Fantasie Anregungen dazu geben können, am Sonntag mit anderen Menschen zusammen anderes zu tun als alltags.

Die Freiheit, einen Sonntag zu erfahren, der Identität ermöglicht

Wie wir mit unserer Zeit umgehen, wie wir unseren Zeit-Rhythmus bestimmen, was wir zu welchem Zeitpunkt tun, wann gearbeitet wird, wann Ruhezeit angesagt ist, wann

Mahlzeiten eingenommen werden – das prägt das Leben einer Gesellschaft. Der Sonntag, der Umgang mit dem Sonntag ist Bestandteil unserer Kultur, unserer Lebensweise. Er macht einen Teil unserer Identität aus. Simultane Handlungsvollzüge einer Gemeinschaft symbolisieren durch Gleichzeitigkeit Gemeinsamkeit. Regelmäßigkeit und Rhythmus stellen Verlässlichkeit und Sicherheit her. Wo die eigene Lebensführung und die eigene Lebenserfahrungen im Blick auf Zeit ähnlich sind wie die der anderen, wie die des sozialen Umfeldes, da entsteht Sicherheit. Auf der Basis dieser verlässlichen Gemeinsamkeit lässt sich Individualität erst entfalten. Die Regelmäßigkeit und Gemeinsamkeit der Sonntage als Ruhetage und Tage der Gemeinschaft ist soziale Kultur. Der Sonntag regt zur Beschäftigung mit anderen Menschen an. Er stiftet ein Netzwerk von Beziehungen, nicht zuletzt im Bereich des Gottesdienstes. Der Sonntag integriert den einzelnen Menschen in die Gemeinschaft, seine Feier identifiziert ihn als Mitglied.

In der christlichen Tradition ist der Sonntag stets als der aus dem Wochenalltag herausgenommene, als der herausgehobene Tag verstanden worden. Als Tag der Ruhe. Aber nicht als Tag reiner Freizeit, an der sich der Mensch individuell erholen kann. Der Sonntag ist von seiner Geschichte her immer ein soziales Ereignis gewesen. Seinen Höhepunkt hatte er in der gemeinsamen gottesdienstlichen Feier. In der Erinnerung an das, was unser Leben ausmacht. Der Gottesdienst ist, könnte man sagen, ein institutionalisierter Widerspruch zu einer Sicht des Lebens und der Kultur, die sich dem Himmlischen verschließt.

Dieses kulturelle Gut zu bewahren, heißt, das Gespräch über den Sonntag und seine Bedeutung für den Menschen immer wieder zu initiieren und in Gang halten zu müssen. Vor allem die Kirchen und ihre Organisationen sind nicht nur berechtigt, für den Sonntag einzutreten. Sie sind dazu verpflichtet, sich dafür einzusetzen, dass die Bedeutung und die Gestaltung des Sonntags in der Gesellschaft immer neu diskutiert und interpretiert wird.

In St. Antonius, dem Haus der Kinder- und Jugendhilfe, ist es, finden die Mitarbeiterinnen und Mitarbeiter, so wichtig wie schwierig, diese integrierende und identifizie-

rende Kraft der Erfahrung von gemeinsamer Kultur- und Lebenspraxis zu vermitteln. Die Frage, wie eine Sonntagskultur aussehen könnte, die den Jugendlichen (wie den Mitarbeitern) den Sinn des Sonntags erschließt, ist hier nicht leicht zu beantworten. Welche Symbole und Riten können von allen verstanden werden? Und kompetent erklärt werden? An welchem konkreten Ort, in welcher konkreten Gemeinschaft ist Integration erfahrbar? Geht es um Integration in die Hausgemeinschaft? Die Feier in der hauseigenen Kirche? Geht es um die Kirchengemeinde, zu der das Haus gehört? Um die Pfarrkirche?
Wenn es um die kulturelle Identität des Sonntags geht, ist der Beitrag der Organisationen so unterschiedlich wie sie selber: Das fängt damit an, dass das Hallenbad am Stadtrand, die Schützenhalle oder die Feuerwehr ihre sonntägliche Event-Angebote nicht mit den Gottesdiensten konkurrieren, auch nicht in der Ankündigung oder der Berichterstattung der Lokalpresse, dass Verkehrsmittel entsprechend zur Verfügung stehen und hört nicht damit auf, dass Krankenhäuser oder Pflegeheime (k)eine regelmäßige (Ersatz-) Möglichkeit zum sonntäglichen Gottesdienst anbieten.

> Organisationen brauchen Strukturen, Regeln und Routinen, die den Sonntag als Kulturgut und Teil unserer Identität stützen. Die es möglich machen und dazu motivieren, den Sonntag als eine „heilige Zeit“ zu feiern
> Dazu brauchen Organisationen Menschen mit einer vom Heil des Sonntags überzeugten und überzeugenden Haltung. Menschen, die sich darauf verstehen, die Feier des Sonntags immer wieder so zu gestalten, dass sie integrierend wirkt.

Wann Organisationen den Sonntag zum Sonntag machen

Was macht den Sonntag zum Sonntag? Wenn von der Gabe und der Aufgabe die Rede ist, den Sonntag zu heiligen, dann sind zwei Ebenen zu unterscheiden. Erstens die

Ebene der praktischen Erfahrungen im Alltag: Da geht es um die Bedeutung des Sonntags für das konkrete Zusammenleben der Menschen, für die Familien, für den persönlichen Lebensstil, für die eingeschliffenen Rituale und Gewohnheiten. Zweitens geht es aber auch um eine Bedeutung des Sonntags, die über die Menge der Aktivitäten und sozialen Beziehungen der einzelnen Menschen hinausgeht. Sonntage und Feiertage haben neben ihrer praktischen Bedeutung immer auch eine kulturelle Bedeutung. Sonn- und Feiertage sind nicht nur die Basis, die es uns erlaubt, unsere persönliche Zeit als „Freizeit“ zu entfalten. Sie sind ein Teil der sozialen Ordnung und des kulturellen Zusammenhanges einer Gesellschaft. Organisationen, gleich ob es um die der Wirtschaft geht oder um die der Gesundheit oder der Sozialen Arbeit zum Beispiel, werden beide Ebenen im Blick haben müssen. Aus zweierlei Perspektive: Zum einen, weil sie mit ihrer Art, den Sonntag zu heiligen, Wirkung haben sowohl auf die Menschen und ihre Lebensweisen als auch auf die gesellschaftlichen Standards. Zum anderen, weil sie im Bemühen um die Heiligung des Sonntags sowohl auf die Menschen und deren Haltung angewiesen sind als auch auf die kulturellen Rahmenbedingungen, die jeweilige soziale Ordnung.
Wie wird der Sonntag zum Sonntag? Immer geht es um Strukturen. Um Regeln und Routinen, die den Sonntag stützen. Immer geht es um Handlungen. Darum, sie sonntäglich zu unterlassen und darum, sie gerade an diesem Tag einzufordern. Immer geht es um Abläufe; darum, sich in Abläufen sonntäglich irritieren zu lassen und darum, neue sonntägliche Abläufe zu finden und zur Sonntagsroutine werden zu lassen. Immer geht es um Zeichen; darum, Symbole und Bilder, Riten und Bräuche zu finden, die den Sonntag erkennbar und erlebbar machen als einen besonderen Tag –

- als Tag der Ruhe.
- als Tag der Gemeinschaft
- als Tag der Identität.

Literatur

Althaus, D.: Das dritte Gebot, in: Jünemann, E. / Theisen, H. (Hrsg.): Zehn Gebote für Europa, Erkelenz, 2009.
Apostolisches Schreiben „Dies Domini“ über die Heiligung des Sonntags (1998)
Geißler, K. A.: Alles. Gleichzeitig. Und zwar sofort., Freiburg, 2004
Weiler, R.: Der Tag des Herrn. Kulturgeschichte des Sonntags, Wien, 1998.
Wilke, J. (Hrsg.): Mehr als ein Weekend? Der Sonntag in der Diskussion, Paderborn, 1989.
Rinderspacher J. P.: „Ohne Sonntag gibt es nur noch Werktage, Bonn, 2000.

Christopher Beermann

Das vierte Gebot: Du sollst deinen Vater und deine Mutter ehren

Wenn das Volk Israel solidarisch das (Über-)Leben derer sichert, die bisher das Überleben der Kinder gesichert hatten, jetzt aber auf sie angewiesen sind, sichert es seine eigene Nachhaltigkeit – und seine Freiheit.

Es geht um den Freiheitsraum: Generationensolidarität:

Die Freiheit der Jungen und der Alten ist sozial und wirtschaftlich zu schützen und zu fördern – um einer Kultur wegen, in der die Vorteile aller Altersstufen genutzt werden können.

Die gegenwärtigen und künftigen Herausforderungen, die das Alter an die Menschheit im allgemeinen, an die Christen im besonderen stellt, sind nicht zu unterschätzen. In ihrer Tragweite sind sie den industrialisierten Staaten des Westens erst in den letzten Jahren bewusst geworden. Das Problem einer immer älter werdenden und gleichzeitig insgesamt schrumpfenden Bevölkerung wirft zahlreiche Fragen auf, die unsere existenziellen Grundlagen betreffen. Welchen Begriff haben wir vom Alter? Wie gehen wir mit dem Alter, wie mit älteren Menschen um? Was ist mit unserer eigenen Angst vor dem Älterwerden? Wie können wir die überproportional anwachsende Zahl älterer Menschen in unsere auf Nutzen und Jugendlichkeitswahn ausgerichtete Gesellschaft integrieren? Oder muss sich die Gesellschaft ändern? Welche Bedingungen müssen wir dafür schaffen? Es liegt auf der Hand, dass gerade die Arbeitswelt im Mittelpunkt steht, wenn diese Fragen befriedigend beantwortet werden sollen. Offensichtlich ist aber auch, dass sich die Fragen der Gegenwart in ihrer Tragweite nicht allzu sehr von den über dreitausend Jahre alten fundamentalen Fragen eines Gott suchenden Nomadenstammes unterscheiden.

Die Welt der Arbeit ist, mehr noch als andere Bereiche, stark reglementiert. Arbeitgebern und Arbeitnehmern, den Sozialpartnern nach europäischem Verständnis, sind die Bedingungen, unter denen Arbeit stattfindet, in zahlreicher und schwierig zu überschauender Weise vorgegeben. Stark ist der Einfluss der Politik (Stichworte: Antidiskriminierung, Mindestlohn). In zunehmendem Maß verdrängt dabei der europäische Gesetzgeber den nationalen. Vom einzelnen Arbeitgeber oder Arbeitnehmer ebenfalls kaum zu beeinflussen ist der wichtige Bereich, der als Tarifautonomie beschrieben wird. All das ist zu bedenken, wenn unter dem Motto „Christlich, sozial, gerecht" organisationsethische Orientierungen zu geben sind.

1. Das Ziel: Erwerbstätigkeit im Alter

Wir haben es in Deutschland und vielen anderen europäischen Ländern mit einer widersprüchlichen und überaus besorgniserregenden Entwicklung zu tun. Einerseits hat die Beschäftigung aller Personen zwischen 55 und 64 Jahren in den letzten Jahrzehnten immer weiter abgenommen (im Jahre 2004 nur noch 41,4 Prozent). Andererseits werden bis zum Jahre 2020 mehr als ein Drittel (34 Prozent) aller potentiell Erwerbstätigen älter als 50 sein.
Auf europäischer Ebene (Bericht der EU-Kommission) ist daher folgerichtig das Gesamtziel ausgegeben worden, die Erwerbstätigkeit gegenwärtiger und zukünftiger Generationen auch mit zunehmendem Alter sicherzustellen. Die noch vor nicht allzu langer Zeit als beschäftigungsfördernd betrachteten Regelungen, die ein vorzeitiges Ausscheiden aus dem Erwerbsleben ermöglichten (Vorruhestand, Altersteilzeit), werden nun ausdrücklich als kontraproduktiv bezeichnet. Derartige entmutigende Vorgaben sind zu vermeiden und durch Aktivitäten zu ersetzen, die auf lebenslanges Lernen, Anreize in den Steuer- und Leistungssystemen, aktives Altern, Qualität der Arbeit und Chancengleichheit zielen.
Diese Außenperspektive der Politik erkennt allerdings nur die ökonomische Seite des Problems, also insbesondere die Funktionstüchtigkeit der sozialen Sicherungssysteme. Ge-

rade aus christlicher Sicht darf die Binnenperspektive, der Blick vom einzelnen Menschen aus, nicht vernachlässigt werden. Unser letzter Lebensabschnitt wird immer länger. Verlängert ist auch der Zeitraum, in dem wir körperlich und geistig aktiv sein können. Bliebe es bei den gegenwärtigen Rahmenbedingungen, die noch auf den Erfahrungen vorangegangener Generationen beruhen, müsste uns umso mehr und um so länger das Gefühl des „sozialen Todes“ (Schirrmacher) beschleichen, den ein erzwungener und biologisch verfrühter Ruhestand bedeutete. Die menschliche Perspektive erhellt das Problem und die Dringlichkeit seiner Lösung daher noch besser als die rein politisch-wirtschaftliche Sicht. Diese freilich stellt das Instrumentarium zur Verfügung, dessen wir uns zu bedienen haben.

> Das Problem muss erkannt werden: Im Jahre 2020 werden mehr als ein Drittel der Arbeitnehmer älter als 50 sein.

2. Bewusstseinswandel durch eine attraktive Arbeit

Spätestens seit Mitte der siebziger Jahre des vergangenen Jahrhunderts gilt das vorzeitige Ausscheiden aus dem Erwerbsleben als gesellschaftlich akzeptiert, wenn nicht sogar als wünschenswert. Aufgrund der vorgenannten Auswirkungen in politisch-wirtschaftlicher und persönlicher Hinsicht ist aber dringend ein Paradigmenwechsel erforderlich. Ein neues Bewusstsein für den Wert der Arbeit im Alter ist aber nur durch die attraktive Ausgestaltung des Arbeitsplatzes möglich. Der Zielsetzung und dem Adressatenkreis dieses Projektes entsprechend sind in erster Linie die unmittelbar betriebsbezogenen Kriterien aufgelistet. Die nur mittelbar zu beeinflussenden Kriterien, die sich zunächst an die Tarifpartner, dann an den Gesetzgeber zu richten haben, treten dagegen zwangsläufig in den Hintergrund.

> Nur attraktive Arbeitsplätze können die Motivation wecken, länger zu arbeiten

3. Finanzielle Attraktivität der Arbeit

Wirtschaftliche Zwänge erlauben es zumeist nicht, Arbeit für ältere Arbeitnehmer besser zu vergüten. Soweit dies dennoch geschah, waren die Folgen für die Beschäftigungsquote eher negativ. Die vor allem im öffentlichen Dienst bislang praktizierte, tarifvertraglich (TVöD) jetzt aber weiter eingeschränkte senioritätsbezogene Vergütung führt sogar zu so großen Differenzen in den Altersklassen, dass Ältere nicht mehr eingestellt werden. Also gilt es, andere Möglichkeiten zu eröffnen, um diesen Arbeitnehmern die Erwerbstätigkeit auch unter finanziellen Gesichtspunkten attraktiv zu gestalten. Eine unmittelbare Gestaltungsmöglichkeit für Arbeitgeber und Arbeitnehmer ist insoweit der Eingliederungszuschuss: Arbeitgeber, die ältere Arbeitnehmer ab dem 50. Lebensjahr einstellen, können Lohnkostenzuschüsse zum Arbeitsentgelt erhalten. Der Antrag auf Gewährung eines Eingliederungszuschusses muss vom Arbeitgeber gestellt werden. Da der neue Mitarbeiter kein eigenes Antragsrecht hat, trifft den Arbeitgeber also eine besondere Verantwortung. Er hat außerdem zu beachten, dass der Förderantrag vor Abschluss des Arbeitsvertrages zu stellen ist. Von allen im Zuge der Hartz-Reformen eingeführten aktiven Arbeitsmarktinstrumenten scheint der Eingliederungszuschuss das einzige zu sein, das auf größere Resonanz gestoßen ist. Dennoch bleibt diese Möglichkeit befristet und läuft zum 31. 12. 2009 aus.

Andere Maßnahmen, die die Arbeit rein finanziell attraktiver machen, können die Vertragspartner allenfalls mittelbar beeinflussen. Das gilt insbesondere für das Verhältnis zwischen Mindestlohn, Sozialleistungen und Besteuerung der Arbeit. Der verantwortungsbewusste Unternehmer sollte in jedem Falle alles unterlassen, grundsätzlich weiterhin arbeitswillige Arbeitnehmer in den Vorruhestand zu drängen.

> Ältere Arbeitnehmer müssen mit ihrem Verdienst zufrieden sein.

4. Sicherheit und Gesundheitsschutz am Arbeitsplatz

Die betriebliche Gesundheitspolitik hat die Arbeitnehmer gesund und leistungsfähig zu erhalten. In diesem Bereich ist Prävention von überragender Bedeutung. Daher ist auch eine Unterscheidung älterer von jüngeren Arbeitnehmern nicht sachgerecht. Die „alternsgerechte" Arbeitsgestaltung muss eine „menschengerechte" Arbeitsgestaltung sein, damit die Gesundheit aller Beschäftigten über den gesamten Erwerbsverlauf hinweg erhalten bleibt. Der Betrieb hat es aber selbst in der Hand, auf ältere Arbeitnehmer ausgerichtete Maßnahmen zu ergreifen. Dazu gehören insbesondere Gesundheitszirkel, ergonomische Maßnahmen, Anpassung der Arbeitszeit, Gestaltung des Arbeitsumfeldes, Umstrukturierung von Arbeitsaufgaben und die Möglichkeit, in Gruppen zu arbeiten. In diesem Zusammenhang ist darauf hinzuweisen, dass Deutschland bei der betrieblichen Gesundheitspolitik im europäischen Vergleich nur einen Platz am unteren Ende der Skala einnimmt. An alle Altersklassen der Beschäftigten sollen sich Maßnahmen der Verhaltensprävention richten. Die allgemeine Bereitschaft, an Kursen für das Stressmanagement, Rückenschulen und Fitnessprogrammen teilzunehmen, ist unbedingt zu fördern.

> Für ältere Arbeitnehmer sind besondere Risikofaktoren zu berücksichtigen.

5. Einführung neuer Produktionskonzepte

In Deutschland wird weitgehend noch mit konservativen Methoden der Arbeitsorganisation gearbeitet. Auch in dieser Hinsicht ist ein Bewusstseinswechsel notwendig, und zwar auch auf Seiten der Personal- und Betriebsräte. Die überholten Produktionskonzepte, die noch eine strikte Trennung einzelner Arbeitsbereiche vorsehen, müssen durch Konzepte abgelöst werden, die in der Lage sind, verschiedene Tätigkeiten und Funktionen miteinander zu verbinden. Eine solche Arbeitsgestaltung entspräche auch dem Konzept einer „alternsgerechten" Arbeitsgestaltung.

Gerade in Arbeitsbereichen, die mehrere körperlich und psychisch weniger belastende Einzeltätigkeiten umfassen, bietet sich die Gruppenarbeit an. Weitere Voraussetzung ist natürlich, dass die Art der Arbeit überhaupt einen Wechsel der Tätigkeiten erlaubt. Weiterhin darf nicht übersehen werden, dass diese neuen Produktionskonzepte dort an ihre Grenzen stoßen, wo die hohe Belastung der Arbeitnehmer ohnehin nur eine begrenzte Tätigkeitsdauer zulassen.

> Die Beschäftigungschancen Älterer sind abhängig von der Gestaltung der Arbeit.

6. Altersgerechte Laufbahngestaltung

Der vorgenannte Bewusstseinswechsel muss sich auch auf die Laufbahnplanung und Laufbahngestaltung erstrecken (so genannte Internalisierungsstrategie). Nach dieser als Internalisierung bezeichneten Strategie orientieren sich die Erwerbsbiographien an altersentsprechenden Laufbahnen, damit der Arbeitnehmer solange wie möglich in seinem Betrieb oder Beruf arbeiten kann. Auch hier ist der regelmäßige Wechsel des Arbeitsplatzes das Mittel, wobei der Arbeitnehmer unter optimalen Bedingungen zugleich altersentsprechend weniger belastet ist und sich in einer neuen Tätigkeit weiterqualifizieren kann. Umgekehrt profitieren der Betrieb und die Mitarbeiter von dem wachsenden Erfahrungsschatz des älteren Beschäftigten. Als Beispiele betrieblicher Laufbahnplanung werden als Gestaltungsmöglichkeiten insbesondere die Verbesserung von Arbeitstechniken, das kundenbezogene Arbeiten, die Qualitätssicherung und der ressourcenschonende Materialeinsatz genannt.

> Die Laufbahn soll sich am Alter und den altersentsprechenden Fähigkeiten orientieren.

7. Arbeitszeitgestaltung

Zunächst sind älteren Arbeitnehmern nachgewiesenermaßen gesundheitsschädigende Tätigkeiten, wie insbesondere der Nachtschichtarbeit, nicht mehr zuzuweisen. Darüber hinaus sind aktive Maßnahmen zu ergreifen. Viele dieser möglichen Maßnahmen sind aber dem direkten unternehmerischen Einfluss entzogen, da sie tarifvertraglich vorgegeben sind. Nur wenn in einem Betrieb ein Tarifvertrag nicht gilt, ist es möglich, diese Instrumente selbst zu regeln. Dazu zählen besondere Pausenregelungen für ältere Mitarbeiter, zusätzlicher Urlaub, Altersfreizeiten, eine nach Alterstufen geminderte Arbeitszeit, aber auch die Form der Altersteilzeit, deren Ziel nicht der vorzeitige Abschied in den Ruhestand ist (so genannte Echte Altersteilzeit).

Das neue strategische Denken (Work-Life-Balance) dagegen ist zwar mittlerweile auch in Deutschland bekannt, aber offenbar noch nicht sehr verbreitet. Diese Strategien versuchen, die Arbeit mit lebensweltlichen Interessen zu vereinbaren. Angesichts der demographischen Entwicklung ist gerade diese Möglichkeit von besonderer Bedeutung. Statt der jahrzehntelang vorherrschenden strengen Trennung von Erwerbsleben und so genanntem Ruhestand (häufig sogar Vorruhestand) muss eine neue Flexibilität geübt werden. Die Arbeit hat sich den geänderten Biographien einer insgesamt alternden, aber auch immer älter werdenden Bevölkerung anzupassen. Das bedeutet, dass die Arbeitszeitgestaltung als Mittel der Gesundheitsförderung zu sehen ist. Die Arbeitszeit Älterer sollte die fortgesetzte Qualifizierung ermöglichen („zweite Karriere"), häusliche Aktivitäten (wie z. B. die Pflege von Angehörigen) oder die Vorbereitung eines anschließenden bürgerlichen Engagements zulassen („active aging"). Die sachgemäße Anwendung dieser Strategie birgt Vorteile nicht nur für den älteren Arbeitnehmer, sondern auch für das Unternehmen (Stärkung der corporate-identity) und schließlich für die gesamte Gesellschaft (diesem Umstand ist der Begriff der „Win-win-win-Effekte" zu verdanken).

Sachgemäß sind nach den bislang gemachten Erfahrungen vor allem die so genannte Echte Altersteilzeit und Arbeitszeitregelungen in Verbindung mit der Laufbahngestaltung.

Die Echte Altersteilzeit bewährt sich bislang in kleineren bis mittleren Betrieben, indem sie nicht zur Frühverrentung genutzt wird, sondern den älteren Arbeitnehmer im Betrieb hält. Dort gibt er, bei insgesamt reduzierter Arbeitszeit, seine umfangreiche Erfahrung an einen Auszubildenden weiter (Tandem-Lösung). Außerdem umfasst dieses Konzept auch die Möglichkeit, dass der Beschäftigte sich neben der Erwerbsarbeit der Pflege Angehöriger widmet und, idealerweise, Vorbereitungen für ein nachberufliches bürgerschaftliches Engagement trifft. Arbeitszeitregelungen, die eine Laufbahngestaltung einbeziehen, zielen auf eine systematische Beratung und Förderung von Beschäftigten mit meist geringer Qualifikation. Diese sollen einen rechtzeitigen Wechsel in andere Tätigkeiten ermöglichen und damit einen vorzeitigen Abschied in den Ruhestand verhindern. In diesem Zusammenhang ist auch von einer Bildungsteilzeit die Rede.
Inwieweit flexible Beschäftigungsformen (befristete Arbeitsverhältnisse, Leiharbeit, Selbständigkeit) die Integration älterer Arbeitnehmer in das Erwerbsleben fördern können, ist dagegen umstritten. Auch wenn Ältere diese Möglichkeiten verstärkt in Anspruch nehmen, also offenbar auch begrüßen, sind gewisse Nachteile nicht zu leugnen. In vielen Fällen wird es sich um unsichere („prekäre“) Beschäftigungsverhältnisse handeln, die einer Frühverrentung eventuell Vorschub leisten.

> Arbeit und lebensweltliche Interessen müssen vereinbar sein.

8. Lebensarbeitszeitgestaltung

Diskutiert wird seit einigen Jahren eine noch weiterreichende Flexibilisierung der Arbeitszeit. Diese soll den Zeitbedürfnissen der jeweiligen Lebensphase angepasst werden. Neben den unmittelbaren Vorteilen für das Unternehmen wie Produktivität, Gesundheit, Motivation, sind auch darüber hinausgehende gesamtgesellschaftliche Vorteile zu erwarten. Insbesondere zielt diese Idee einer lebensbiographisch ausgerichteten Arbeitszeitgestaltung darauf, Arbeitnehmer zur Fortsetzung ihrer Tätigkeit im Alter zu motivieren. Allerdings sind in diesem Bereich große Fortschritte erst dann zu erwarten, wenn die Politik ihren Beitrag geleistet hat. Denn ohne eine komplementierende Bildungs- und Familienpolitik sowie eine Anpassung der sozialen Sicherungssysteme ist das Konzept einer Lebensarbeitszeitgestaltung nur schwierig umzusetzen. Andererseits kann gerade in diesem Bereich dem gesamtgesellschaftlichen Wunsch nach einer Vereinbarkeit von Beruf und Familie Rechnung getragen werden. Mütter und Väter, die in den frühen Lebensjahren ihrer Kinder aus dem Beruf ausscheiden, können so die damit verbundenen beruflichen Nachteile kompensieren. Die seit dem 1. Januar 2007 bestehende Möglichkeit, Elterngeld als Lohnersatzleistung in Anspruch zu nehmen, ist ein weiterer Schritt in diese Richtung. Auch der geplante Anspruch auf eine Tagesbetreuung für Kleinkinder ist im Sinne dieses Konzepts. Es liegt auf der Hand, dass eine auf diese Weise erleichterte Anpassung außerberuflicher Zeitbedürfnisse an die beruflichen Zeiterfordernisse auch positive Auswirkungen auf eine insgesamt verlängerte Lebenszeit haben werden. Arbeitgebern ist also aufgegeben, die bereits bestehenden Möglichkeiten veränderter Lebensarbeitszeitgestaltung nach Kräften zu fördern und, soweit es die Art und Größe des Betriebes zulässt, der Politik vorzugreifen und eigene Konzepte zu entwickeln.

> Die weiterreichende Perspektive: Die gesamte Lebensarbeitszeit ist neu zu gestalten.

9. Sicherheit des Arbeitsplatzes

Arbeitnehmer bevorzugen sichere Arbeitsplätze. Diese Binsenweisheit gilt für Jüngere wie für Ältere. Die Sicherheit des Arbeitsplatzes gewährt in Deutschland ein fein verästeltes und für Laien schwierig zu überblickendes Kündigungsschutzrecht. Wenn der Arbeitgeber einen Arbeitnehmer betriebsbedingt zu kündigen beabsichtigt, hat er vorher grundsätzlich eine so genannte Sozialauswahl zu treffen. Dabei werden verschiedene Kriterien (Sozialpunkte)

gegenübergestellt und gewichtet. Die Kündigung kann dann nur dem Arbeitnehmer ausgesprochen werden, der im Rahmen dieser Sozialauswahl am wenigsten schutzbedürftig ist.
Noch bis vor kurzem gehörten das Alter und die Dauer der Betriebszugehörigkeit zu den Kriterien, die unumstritten eine wichtige Rolle bei der Sozialauswahl spielten. Europarechtliche und nationale Vorgaben (Allgemeines Gleichbehandlungsgesetz) scheinen das nunmehr in Frage zu stellen. Paradoxerweise kann gerade das Verbot, das Alter in bestimmten Fällen als besonderes Kriterium zu behandeln (Altersteilzeit), zu einer Schlechterstellung des Alters auch im Bereich des Kündigungsschutzes führen. Dasselbe gilt wohl auch für die Dauer der Betriebszugehörigkeit, ist diese doch mittelbar ebenfalls an das Alter des Arbeitnehmers gebunden. Inwieweit die vorgenannten Kriterien in der Sozialauswahl weiterhin berücksichtigt werden dürfen, bleibt offen. Doch hat das Bundesarbeitsgericht Ende 2006 entschieden, dass sie gegenüber anderen Kriterien nicht völlig zurückstehen dürfen. Der Arbeitgeber, der diese Kriterien zu gering gewichtet, verhält sich nicht gesetzeskonform. Tatsächlich steht er sogar im Widerspruch zur gesetzgeberischen Absicht, die Differenzierungen nach dem Alter zugunsten älterer Arbeitnehmer nicht nur billigt, sondern sogar fördert.
Verantwortlich handelt daher nur der Arbeitgeber, der weiterhin die Kriterien des Alters und der Dauer der Betriebszugehörigkeit in der Sozialauswahl berücksichtigt. Dass die Kündigung des Arbeitsverhältnisses ohnehin nur das letzte Mittel ist, bedarf in diesem Zusammenhang keiner näheren Betrachtung.

> Nur ein sicherer Arbeitsplatz ist ein attraktiver Arbeitsplatz.

10. Zusammenfassung

Das wichtigste Ziel ist es, in Betrieben und Verwaltungen Bedingungen zu schaffen, die es den Arbeitnehmern ermöglichen und erstrebenswert machen, länger zu arbeiten.

Den Nutzen eines längeren, nach den obigen Kriterien modifizierten, Erwerbslebens hat nicht nur der Arbeitnehmer selbst, sondern haben auch der Betrieb und die Gesellschaft. Damit ist nicht die Privilegierung älterer Arbeitnehmer gemeint. Sollen langfristige Erfolge erzielt werden, müssen alle Altersgruppen gleichberechtigt behandelt werden („Schaffung einer demographiesensiblen Unternehmenskultur"). Das schließt gerade nicht aus, dass im Betrieb die Besonderheiten, die das Alter mit sich bringt, berücksichtigt werden. Wird das Gebot, den Älteren, die die Lebensgrundlagen der nachrückenden Generation gelegt oder bewahrt haben, Respekt zu erweisen, ernst genommen, führt kein Weg daran vorbei.

> Die gleichberechtigte Behandlung aller Arbeitnehmer erfordert es gerade, dass die Besonderheiten des Alters berücksichtigt werden.

Literatur

Arnkil, R. et al.; The National Programme for Ageing Workers, Finland, 2000.

Bosch, G. / Naegele, G.: Erwerbsarbeit, in: Bundesministerium für Familie, Senioren, Frauen und Jugend (Hrsg.): Fünfter Bericht zur Lage der älteren Generation in der Bundesrepublik Deutschland, Bericht der Sachverständigenkommission, Berlin, 2005.

Bundesministerium für Arbeit und Soziales: Initiative 50plus, Eckpunkte zur Erhöhung der Beschäftigungsfähigkeit und der Beschäftigungschancen älterer Menschen in Deutschland, Berlin, 2006.

Bundesministerium für Familie, Senioren, Frauen und Jugend: Fünfter Bericht zur Lage der älteren Generation in der Bundesrepublik Deutschland, Stellungnahme, Berlin, 2006.

Eberstadt, N.; Groth, H.: Healthy Old Europe, in: Foreign Affairs May/June 2007 (gekürzte und übersetzte Version unter dem Titel „Trumpfkarte Gesundheit. Ein unterschätzter Wachstumshebel für Europa" in: Frankfurter Allgemeine Zeitung vom 11. 7. 2007 (Nr. 158), S. 39.

Enquête-Kommission des Deutschen Bundestages: Schlussbericht zum demografischen Wandel, 2002.
Kommission der Europäischen Gemeinschaften (Hrsg.): Bericht der Kommission an den Rat, das Europäische Parlament, den Wirtschafts- und Sozialausschuss und den Ausschuss der Regionen, Erhöhung der Erwerbsbeteiligung und Förderung des aktiven Alterns, Brüssel, 2002.
Presse- und Informationsamt der Bundesregierung: www.erfahrung-ist-zukunft.de
Schirrmacher, F.: Das Methusalem-Komplott, 19. Aufl., München, 2004.
Wirtschaftskammer Österreich et al. (Hrsg.): Arbeit und Alter – Erfahrungen und Beispiele aus Europa, Referate der Vortragsveranstaltung der Sozialpartner am 29. April 2005, Wien, 2005.

Martin Hörning

Das fünfte Gebot:
Du sollst nicht töten

Wenn Israel sich dem Schutz des Lebens verpflichtet, vor allen Handlungen schützt, die direkt oder indirekt das Leben anderer Menschen gefährden, schützt es damit seine Freiheit.

Es geht um den Freiheitsraum: Körperliches und geistiges Leben.

Das eigene körperliche und geistige Leben und das der Mitmenschen, das der Kolleginnen und Kollegen wie das der Klientinnen oder Patienten, ist strukturell und habituell zu fördern und zu schützen – um so eine Kultur des Lebens zu fördern.

Mord und Totschlag – so lauten die beiden strafrechtlich relevanten Begriffe, die in den Geltungsbereich dieses Gebotes fallen. Ihr zentrales Merkmal ist die Tötung eines anderen Menschen, die täterbezogenen und tatbezogenen Merkmale machen den Unterschied zwischen beiden aus.
Sicher wird es wohl nur wenige Firmen geben, deren Dienstleistung in der bewussten, direkten Übertretung dieses Gebotes besteht oder deren Produkte dieses bewirken. Die erweiterte Interpretation des fünften Gebotes jedoch ergibt für jede Firma oder Organisation eine Fülle von nachvollziehbaren Übertragungen: Das „Du sollst nicht morden" soll letztlich Leben schützen und bewahren. Davon ausgehend ergeben sich Ansatzpunkte für eine Unternehmensethik, wenn Menschen, Prozesse, Strukturen und Produkte in einem Unternehmen berücksichtigt werden. Daher wird im Folgenden versucht, das fünfte Gebot und dessen Relevanz unter den Stichworten „Produkt/Dienstleistung", „Mitbewerber", „Arbeitnehmer" und „Unternehmer/Manager" zu betrachten.

Produkte und Dienstleistungen – Wertschöpfung ohne Zerstörungspotential

Bei den zehn Geboten handeln vier vom Schutz des Eigentums. Diese Wichtigkeit des Besitzes spiegelt sich heutzutage auch im Strafrecht wider: Wer hundert Euro klaut, ist ein Straftäter. Wer nachweislich bei der Produktion – innerhalb der Grenzwerte – Umweltgifte freisetzt, verdummende oder Gewalt verherrlichende Softwarespiele verkauft, Menschen durch den Verkauf nicht notwendiger Versicherungen oder Dienstleistungen an den Rand des finanziellen Ruins bringt oder im großen Maßstab ungesunde Süßigkeiten vertreibt, die Tausenden von Kindern und Erwachsenen Zahnschäden und Hüftfett bescheren, ist nicht kriminell. Gerade weil rechtsstaatliche Regeln schwach ausgeprägt sind, hat die freiwillige Selbstkontrolle bei Produkten und Dienstleistungen eine besonders große Bedeutung.

Ganz allgemein heißt die Umsetzung des Gebotes auf Produkte oder Dienstleistungen: Biete nur an, was die Gesundheit (physisch, psychisch oder psychosozial) der Menschen direkt oder indirekt nicht schädigt. Also nicht nur die Tötung als solche, sondern auch die geplante oder realisierte Zerstörung fällt in den Bereich des fünften Gebots.

Die Rüstungsindustrie zählt daher sicher nicht zu den „ethischen“ Firmen. Aber was ist mit dem Kräuterschnaps, der in einem Kloster hergestellt und im Laden vertrieben wird? Ist dieses Produkt schon deshalb „unethisch“, weil wir in einem Land leben, in dem Alkoholkranke – zumindest statistisch betrachtet – schon „normal“ sind? Und was ist mit den Pestiziden, die hergestellt und an arme Länder geliefert werden, damit diese ihre Ernten erhöhen können? Die Grenzen sind also fließend. Nicht jedes gesundheitsgefährdende Potenzial kann gegen das fünfte Gebot verstoßen.

Doch nicht nur die Wirkung auf den Kunden beziehungsweise Endverbraucher ist zu berücksichtigen. Waren und Dienstleistungen sollten so produziert oder erbracht werden, dass sie mit fairem Handel verbunden sind. Der „faire“ Kaffee wäre unfair, wenn die Kaffeebauern in Übersee

mit Knebelverträgen zur billigen Abgabe ihrer Produkte gezwungen würden. Und fachlich fundierte und gleichzeitig preiswerte Pflegeleistungen wären nicht tolerierbar, wenn osteuropäische Pflegekräfte zu Dumpingpreisen ihre Arbeit in Deutschland verrichten würden.
Nachhaltigkeit ist ebenfalls ein wichtiges Stichwort: Dinge zu produzieren, die billig sind und nur eine kurze Halbwertszeit haben und danach als Müll entsorgt werden müssen, schadet den folgenden Generationen. Der „Tötungsaspekt“ wäre also auch auf die Natur, auf Tiere und Pflanzen, auszuweiten.

> Du sollst nicht „töten“.
> Prüfe daher, ob im Unternehmen Waren oder Dienstleistungen angeboten werden, die Menschen oder die Natur – direkt oder indirekt – schädigen können.

Mitbewerber – Konkurrenzkampf und kein Krieg

Unser Wirtschaftsprinzip ist die so genannte soziale Marktwirtschaft – eine Wirtschaftsordnung, bei der das Freiheitsprinzip auf dem Markt mit dem Prinzip des sozialen Ausgleichs verbunden wird. Damit diese Ordnung funktioniert, muss unlauterer Wettbewerb unterbunden werden. Das heißt beispielsweise, dass keine Fabrikations- und Geschäftsgeheimnisse von Mitbewerbern beschafft und ausgenutzt und keine Leistungen anderer Mitbewerber unerlaubt verwertet werden.
Auch die Beschäftigung von Schwarzarbeitern oder illegalen Arbeitern aus beispielsweise Ostblockländern würde einer Firma Vorteile vor anderen, die sich an die ethischen Spielregeln halten, verschaffen und im Extremfall zu deren Insolvenz führen.
Besonders aggressive Verkaufsmethoden und Irreführung des Kunden durch unwahre Angaben sind aus dem gleichen Grund abzulehnen. Ebenso Dumpingangebote, die keinen Gewinn für die eigene Firma abwerfen sondern nur dazu dienen, unliebsame Konkurrenz aus dem Geschäft zu drängen.

Letztes Stichwort aus diesem Bereich: der Rufmord und dessen kleine Schwester, die Diskreditierung. Leider wird in der Wirtschaft immer wieder darauf zurückgegriffen – beispielsweise, indem Übernahmegerüchte lanciert werden oder eigene Produktankündigungen so geschickt terminiert werden, dass der Eindruck entsteht, die Konkurrenz sei chancenlos. Beliebt ist auch die Behauptung, die Mitarbeiter der Konkurrenz hätten schlechtere Arbeitsbedingungen und müssten mehr arbeiten für weniger Geld, oder abwertende Aussagen über die Qualität von Produkten oder Dienstleistungen im Sinne von „da arbeiten doch fast nur noch Aushilfskräfte – nicht Fachleute".
Leider gibt es eine Reihe von Beispielen dafür, dass sich Medien instrumentalisieren lassen, um Mitbewerbern zu schaden. Dazu zählt beispielsweise die gängige Praxis, Journalisten oder Berichte zu kaufen, um pseudoobjektive Berichterstattung zu gewährleisten.

> Du sollst das Wirtschaftssystem nicht zerstören. Prüfe daher, ob im Unternehmen mit unlauteren Wettbewerbsmethoden gearbeitet wird.

Arbeitnehmer – die Basis für das „gesunde" Unternehmen achten

Kennen Sie den alten Musikerwitz? Fragt der eine Sänger den anderen „Wie geht es Dir?" Und der antwortet krächzend und heiser „Oh, der Stimme geht es gut – aber mein Knie ..." So etwas nennt man betriebsblind. Ähnlich verhalten sich im richtigen Leben manche Unternehmer, wenn sie auf das Wohlbefinden ihrer Mitarbeiter/-innen angesprochen werden. Besonders in großen Firmen und Organisationen wissen die Führungskräfte häufig nicht mehr genau, was vor Ort an den einzelnen Arbeitsstätten vorgeht.
Das ist ungünstig. Denn trotz aller modernen Fertigungsmethoden und der Computertechnologie: Der Mensch ist letztlich der Faktor, der den Erfolg im „gesunden" Unternehmen sichert. Die Voraussetzung dafür ist, dass auch die Mitarbeiter gesund sind. Diese Erkenntnis beginnt,

sich seit einigen Jahren immer weiter durchzusetzen. Die so genannte betriebliche Gesundheitsförderung wird immer häufiger zum Thema gemacht. Es mangelt allerdings meist an der praktischen Umsetzung. Und wenn etwas stattfindet, dann sind oft genug die betrieblichen Gesundheitsförderungsmaßnahmen noch nicht hinreichend in Strukturen und Routinen verankert.

Wer bislang wenig Wert auf das Thema Gesundheit im Betrieb gelegt hat, könnte mit einer Arbeitssituationsanalyse starten, Mitarbeiter dabei einbeziehen, ihr Wissen nutzen. Ein solcher Einstieg ist sinnvoll, da häufig der Fehler gemacht wird, Aktivitäten ohne eine vorherige Bedarfsanalyse zu planen und durchzuführen. Als erstrebenswertes Endziel hat sich für viele Unternehmen und Organisationen ein „Arbeitskreis Gesundheit" herausgestellt, eine Steuerungszentrale für die betriebliche Gesundheitsförderung.

Die Zielgruppen für Einzelmaßnahmen reichen von den Auszubildenden bis hin zu Führungskräften und älteren Arbeitnehmern. Je nach Bedarf können spezielle Angebote wie Sitzschule, Bildschirmarbeit, Heben und Tragen, Umgang mit Alltagsdrogen, Stress und Entspannung gemacht werden. Verschiedene Aktionen und Events wie Bewegungspausen oder Gesundheitstage füllen das Programm mit Leben. Auch Gesundheitschecks und Coaching für bestimmte Mitarbeiter können sinnvoll integriert werden.

Im Ergebnis haben alle Beteiligten etwas davon. Die Mitarbeiter/-innen werden dabei unterstützt, ihre Gesundheit zu erhalten, und fühlen sich am Arbeitsplatz wohler. Das Unternehmen hat produktive Angestellte, niedrigere Fehlzeiten und spart Lohnfortzahlungskosten. Es sind also nicht nur ethische Gründe und soziale Verantwortung, die es notwenig machen, Gesundheit als Teil der Unternehmenskultur zu begreifen.

> Du sollt nicht die Gesundheit Deiner Mitarbeiter/-innen „töten".
> Prüfe, ob jemand und ggf. wer im Unternehmen für die Gesundheit im Betrieb zuständig ist, welche Ressourcen für betriebliche Gesundheitsförderung zur Verfügung stehen und welche Fort- und Weiter-

bildungsmaßnahmen bzw. Verhaltensschulungen zu gesundheitsrelevanten Fragen angeboten oder unterstützt werden.

Unternehmer und Manager – das eigene Leben nicht zerstören

Wir leben in einem Land, in dem jährlich Milliarden Euro für die Folgen von Lebensstilsünden ausgegeben werden müssen. Und obgleich die so genannten Zivilisationskrankheiten besonders häufig in unteren sozialen Schichten zu finden sind, ist die Prävalenz auch bei Kopfarbeitern und Vordenkern erschreckend hoch. Häufig genug haben Menschen, die einen qualifizierten Beruf haben, Verantwortung tragen und oft Höchstleistungen erbringen müssen, eine Vorstellung von sich und dem eigenen Körper, die mit einem Maschinendenken zu beschreiben ist: Mann/Frau soll funktionieren, das möglichst lebenslang und wenn doch mal etwas streikt, dann gibt es ja noch die lebenslange Garantie, dann zahlt die Krankenkasse halt die Reparatur. Eine solche Einstellung führt geradewegs zur Übertretung des fünften Gebotes, wenn es denn auf das eigene Leben angewandt wird.
Und allzu häufig wird von Kopfarbeitern angeführt, gesund zu leben koste Zeit. Die hätte man nicht oder könne sie sinnvoller – zum Beispiel für die Arbeit – verwenden. Doch das ist eine Milchmädchenrechnung. Wer seine Gesundheit zerstört, wer beispielsweise die Entwicklung einer Arteriosklerose durch Bewegungsmangel und Fehlernährung fördert, der lebt unter seinen Möglichkeiten – und das wirkt sich unter anderem auch auf die Arbeit aus. Niemand kann ernsthaft behaupten, dass Kopfarbeit höchst effektiv sein kann, wenn der Kopf auf einem Körper sitzt, der aufgrund eines insuffizienten Herz-Kreislauf-Systems gerade mal ausreichend mit Sauerstoff versorgt wird.
Im Rahmen dieser Ausführungen können nur kurz die Kriterien angerissen werden, die als Grundpfeiler einer gesunden Lebensführung angesehen werden. Eine Lebensführung, die der berühmte griechische Arzt Galen als Ba-

sis aller Kulturen betrachtete. Die Griechen hatten auch ein schönes Wort dafür, das heutzutage leider missbräuchlich verwendet wird und einen faden Beigeschmack bekommen hat: Die Diät. Klassisch bedeutet die Diaitia eine ganzheitliche Lebensordnung, die heutzutage wichtige Alltagsbereiche umfasst: den Lebensraum, die Ernährung, die Bewegung, die Ordnung des Alltags und des Gefühlslebens und natürlich die Beziehungen, das soziale Netz.

Die Nahrung, die ich esse

Während jeden Tag rund 50 000 Menschen an Unterernährung sterben und zurzeit etwa eine Milliarde Menschen hungern, leidet bei uns fast ein Drittel der Bevölkerung an den Folgen ihrer Über- und/oder Fehlernährung. Die Folgen sind oft nicht sofort deutlich spürbar und dennoch manchmal tödlich. Stoffwechselstörungen, Leiden der Verdauungsorgane, Zahnerkrankungen, Allergien und Unverträglichkeiten, sogar manche Tumorformen wurden schon mit falscher Ernährung in Zusammenhang gebracht. Insgesamt wird pro Jahr in Deutschland mit einem Aufwand von vielen Milliarden Euro versucht die Ernährungssünden der Bevölkerung auszugleichen. Eine sehr hohe Ablasszahlung, die nicht einmal völlige Absolution, oft nur Symptomlinderung verspricht.
Problematisch an der Ernährung ist, dass Ernährungsgewohnheiten zu den am schwierigsten veränderbaren Verhaltensweisen gehören. Und Ernährung ist weitaus mehr als die notwendige Energie- und Baustoffzufuhr. Essen hält, das weiß schon der Volksmund, nicht nur den Leib sondern auch die Seele zusammen. Über Essen wird Kommunikation gepflegt, wir essen, um Beziehungen zu knüpfen oder zu stabilisieren, um anderen Liebe und Anerkennung zu zeigen, zum Ausdruck unserer Persönlichkeit, zum Trost und anderes mehr. Essen ist also weitaus mehr, als rational-logisch mit Hilfe von Ernährungswissen gestaltbar und planbar wäre.
Und noch etwas ist wichtig: Ernährung ist individuell – auch wenn uns hunderte von Ratgeberbüchern etwas anderes weismachen wollen. Jedes Individuum hat sein spe-

zifisches Gewicht, das dem gesundheitlichen Optimum entspricht (was nicht unbedingt mit dem ästhetisch favorisiertem Gewicht hundertprozentig übereinstimmen muss) und jeder hat individuelle Vorlieben und Verträglichkeiten. Es gibt aber ein paar Grundregeln, die für die meisten Menschen Gültigkeit haben. Die drei Zauberworte heißen ausgewogen, abwechslungsreich und natürlich. Das lässt sich auf vielerlei Wegen erreichen. Es ist nicht notwendig, Trennkostanhänger zu werden, sein Glück bei der Glyx-Diät zu suchen, Vegetarier oder Rohkostfanatiker zu werden. Sinnvoll ist es aber, in sich hineinzuhorchen und liebgewordene Gewohnheiten auf den Prüfstand zu stellen. Lassen Sie das Weismehlbrötchen-Marmeladen-Einerlei ganz sein oder verbannen Sie es auf das Wochenende und experimentieren Sie wochentags lieber, mit welchen Frühstück Sie am Morgen am besten zurecht kommen, leistungsfähig sind und keinen Hunger haben. Prüfen Sie, ob Sie Zwischenmahlzeiten brauchen. Versuchen Sie gegebenenfalls den Fleisch- und Fettkonsum zu beschränken, wie wirkt sich das aus? Sind Süßigkeiten ein Problem für Sie – wenn ja, welche Alternative dazu gibt es? Wenn Sie Sport treiben, stimmen Sie Ihre Ernährung darauf ab. Und werden Sie nicht zum Fanatiker. Es gibt Grundregeln für die gesunde Ernährung, aber es gibt nur ganz wenige, die nicht ab und zu mal übertreten werden dürfen.

> Du sollt nicht Deine Gesundheit „töten“.
> Prüfe daher, ob Du Dich im Alltag gesund ernährst und nicht zu viel oder zu wenig isst.

Das Training, das ich meinem Körper gönne

Für den Körper als Ganzes gilt eine Grundregel, die für viele Funktionen und Gewebe gilt: Was nicht gebraucht wird, lässt nach – was oft gebraucht wird, nimmt zu. Diese Regel führt zu einem ökonomischen Umgang mit Energie und Substanz. Wer beispielsweise mit den Händen schwere Arbeit verrichtet oder Tennis spielt, dem wächst vermehrt Hornhaut auf Hand- und Fingerflächen. Wer seinen Körper ständig in die Sonne oder ins Solarium quält, der bewirkt unter anderem eine deutliche Steigerung der Farbstoffproduktion. Wer viel Alkohol trinkt, der kann in Zukunft schneller Alkohol im Blut abbauen, weil die dafür notwendigen Abbauwege besser ausgebaut werden (und braucht daher immer mehr, um auf Touren zu kommen. Dieses Toleranzphänomen fördert das Entstehen einer Abhängigkeit). Wer aerob trainiert, der bessert seine Herz-Kreislaufleistung. Und wer Gewichte hebt, der kräftigt seinen Bewegungsapparat. Die Liste ließe sich endlos fortsetzen. Natürlich lässt sich auch eine unendliche Fülle von Beispielen für den Anpassungsprozess an Unterforderung anführen.

Das Problem in der heutigen Industriegesellschaft ist, dass wir in einem Körper leben, der für Jagen und Sammeln geschaffen wurde. Und der es auf Dauer nicht gut verträgt, wenn sich die Bewegung auf das Drücken von Computer- und Fernbedienungstasten beschränkt. Seit es Menschen gibt, sind Bewegung und körperliche Aktivität wesentlicher Bestandteil des Lebens – bis etwa vor 40 bis 50 Jahren. Seitdem ist es in den westlichen Industrieländern für einen Großteil der Bevölkerung möglich, mit einem Minimum an körperlicher Aktivität auszukommen.

Wer das nicht durch Bewegung ausgleicht und „no sports“ zum Lebensziel erhoben hat, der muss etwa damit rechnen, dass – vor allem ab dem 40. Lebensjahr – die Leistung des Herz-Kreislauf-Systems abnimmt, die Muskeln schwinden und die Knochensubstanz weniger wird. Das wiederum führt zu Haltungsstörungen, Muskelverspannungen, Kreuzschmerzen, Osteoporose, Zuckerkrankheit, Durchblutungsstörungen, erhöhten Fettspiegeln im Blut, Bluthochdruck und so fort. Außer diesen körperlichen Folgen hat Bewegungsmangel bei den meisten Menschen auch negative Wirkungen auf die Psyche – oder, positiv formuliert, Bewegung vermag die Laune zu bessern, Stress zu mindern und das Selbstwertgefühl zu steigern.

Gehören Sie auch zu den Menschen, die im Supermarkt lieber Frühstückseier von Hühner mit Boden- oder noch besser Freilandhaltung kaufen oder gleich die mit Bio-Siegel? Weil Sie glauben, die Eier seien besser, wenn die Tiere artgerecht gehalten werden? Haben Sie sich denn auch schon überlegt, was auf den Menschen übertragen

eine artgerechte Haltung ist? Etwa eingezwängt in Käfige auf vier Rädern? Oder stundenlang vor dem Schreibtisch hockend oder im Ruhesessel lümmelnd? Rund 15 Stunden sitzt der Durchschnittseuropäer am Tag, sieben bis acht Stunden liegt er. Sie können sich ausrechnen, was da noch für eine artgerechte Haltung am Tag übrig bleibt.
Ziehen Sie Ihre persönliche Bilanz. Bei den meisten wird schon die eine oder andere Bewegungsmangelbedingte Leistungseinschränkung zu verzeichnen sein. Vielleicht sind auch schon manifeste gesundheitliche Probleme vorhanden, die das Arbeits- und Privatleben beeinflussen und die sich durch Bewegung zumindest bessern ließen.
Tröstlich für alle Bewegungsfaulen: der gesundheitliche Benefit ist schon bei moderaten Aktivitäten zu erreichen. Ausdauertraining sollte das Basistraining sein, ergänzt um etwas Widerstandstraining. Möglichkeiten dafür gibt es viele – wichtig ist, dass Sie Spaß daran finden.

> Du sollt nicht Deine Gesundheit „töten“.
> Prüfe daher, ob Du Dich genügend im Alltag bewegst und trainiere gegebenenfalls zum Ausgleich sowohl Ausdauer als auch Kraft.

Die Struktur, die ich meinen Tagen gebe

Vor vielen Jahren waren die so genannten Biorhythmuskurven sehr beliebt. Was immer man auch von dieser pseudowissenschaftlichen Lehre halten mag: Sie hat sehr vielen Menschen nahe gebracht, dass auch das eigene Leben Rhythmen unterworfen ist. Davon gibt es unzählige – die meisten gar nicht spürbar. Hormone werden im Körper nicht einfach gleichmäßig ausgeschüttet, sie haben meist ihre eigene zirkadiane Rhythmik. Die Aufmerksamkeit und Leistungsbereitschaft schwankt im Tagesverlauf. Der Schlafrhythmus ist individuell höchst unterschiedlich – schon früher sprach man von „Eulen“ und „Lerchen“ – oder, anders ausgedrückt, von Morgen- und Abendmuffeln. Es ist bekannt, dass Medikamente im Tagesverlauf unterschiedlich wirken können. Und viele andere Beispiele für Tag-Nacht-Prozesse lassen sich aufzählen.

Die zeitliche Organisation des Lebens ist für alle Lebewesen von großer Bedeutung. Die Regelmäßigkeit, die Wiederholung, sie scheint ein Prinzip des Lebendigen zu sein – auf zellulärer Ebene bis hin auf die Ebene des Gesamtorganismus. Die Periodenlänge der Rhythmen reicht von Millisekunden bis hin zu Jahren. Leider läuft unsere moderne Lebensweise des Öfteren nicht mit sondern gegen die „biologischen Uhr“. Sich nicht zu schaden bedeutet daher auch, mit und nicht gegen diese Rhythmen zu leben. Denn das schadet auf Dauer. Diese Erkenntnis ist schon sehr alt, und alle bekannten Heilslehren – auch die traditionelle chinesische Medizin und Ayurveda – berücksichtigen dies. In Westeuropa wird dieses Prinzip sehr schön in der Kneippschen Lehre berücksichtigt, speziell in der so genannten „Ordnungstherapie“. Man kann sie sogar als Kernstück der Kneippschen Ganzheitstherapie bezeichnen.
Gerade für die Leader, die Menschen mit Führungsaufgaben, ist es im Arbeitsalltag manchmal sehr schwierig, die Arbeit nicht zur absoluten Hauptsache im Leben werden zu lassen. Lange hat man versucht, mit einem Zeitmanagement den Alltag zu strukturieren. Es hat sich aber herausgestellt, dass für die meisten ein noch so perfektioniertes System, für das ja mit Organizern und diverser Software reichhaltig Orientierungshilfen zur Verfügung stehen, nicht ausreichend greift. Damit kann zwar die Zeit strukturiert werden – aber das Wichtigste fehlt: der Bezug zu den Kernpunkten des Lebens. Mittlerweile haben viele Zeitpäpste genau das erkannt und versuchen nun, mit Lifemanagement oder Lifeleadership die Defizite des klassischen Zeitmanagements abzudecken. Das Prinzip ist einfach: Nicht nur die Arbeit – auch das für einen selbst Wichtige im Leben muss einen Raum im Alltag haben (wobei der erste Schritt für viele erst einmal darin besteht, das Wichtige zu entdecken und zu definieren ...). Begrenzung der Arbeitszeit, Raum für Persönliches und Ruhe, Zeit für wichtige Menschen – all das gehört zu einer gesunden Alltagsstruktur.

Du sollt nicht Deine Gesundheit „töten“.
Lebe nicht einseitig. Prüfe, ob im Alltag regelmäßig Phasen der Ruhe und des Kraftschöpfens zu finden sind und Zeit für das Wichtige bleibt.

Die Menschen, die mir nahe sind

Die Weltgesundheitsorganisation hat vor vielen Jahren Gesundheit definiert als den Zustand körperlichen, psychischen und sozialen Wohlbefindens. Damit ist berücksichtigt worden, dass wir Menschen nicht nur eine Körper-Geist-Einheit sind, sondern dass wir auch Gemeinschaftswesen sind, die auf die Gesellschaft anderer Menschen zwingend angewiesen sind, um uns wirklich wohl zu fühlen. Dabei – das zeigen eine Fülle von wissenschaftlichen Untersuchungen – kommt es nicht so sehr auf die Quantität sondern vielmehr auf die Qualität unserer Beziehungen an. Einige wenige sehr gute Kontakte sind besser als ein prall gefülltes Adressbuch mit lockeren Bekanntschaften.
Cicero soll gesagt haben: „Wer die Freundschaft aus dem Leben streicht, nimmt die Sonne aus der Welt“. Damit hat er sehr schön die wichtige Funktion von guten Beziehungen auf das Wohlbefinden beschrieben. Und Wissenschaftler haben später nachgewiesen, dass sich dieser Effekt auch in Untersuchungen messen lässt. Deren Ergebnisse etwas simplifiziert: Wer Freunde hat, lebt länger.
In der Bedeutung werden Freunde noch übertroffen von der Qualität der Partnerbeziehung. Es liegt nicht einfach an dem guten, regelmäßig Essen und anderen Annehmlichkeiten der Ehe, wenn Verheiratete im Durchschnitt länger leben als Nichtverheiratete.
Welche Konsequenzen werden aus diesen Tatsachen gezogen? Viel zu oft gar keine. Es gibt genügend Menschen, die regelmäßig ins Fitnessstudio gehen oder ihre Ernährung mit viel Mühe optimal und gesund gestalten. Aus einer Fülle von Trainingshinweisen und Kochbüchern können sie sich Hilfestellung holen. Deutlich weniger Anweisungen und vor allem deutlich weniger strukturierte Hilfe gibt es dafür, wie Freundschaften oder Partnerschaften gepflegt und gefördert werden können. Manchmal ist es geradezu

paradox. Leitungskräfte, die ihren Berufsalltag hervorragend organisieren, ihre Arbeitszeit managen und Projekte planen und umsetzen können, versagen daheim, wenn es darum geht, Zeit für die Partnerschaft zu reservieren, einen gemeinsamen Urlaub zu realisieren oder wichtige gemeinschaftliche Entscheidungen zu treffen.
Immer wieder ist zu beobachten, dass Beruf und Privatleben streng getrennt werden. Was dann heißt, nach einem harten Arbeitstag wird das Jackett aufgehängt, das T-Shirt rausgeholt und gehofft, dass jetzt Erholung angesagt ist und keiner mehr Ansprüche anmeldet. Es wird häufig einfach vorausgesetzt, dass Ehe, Elternrolle und Freundschaften einfach funktionieren. Strategien und Methoden, die im Beruf Erfolg bewiesen haben, werden nicht einmal ansatzweise im Privatleben eingesetzt. Doch oft ist das vonnöten, um aktiv die Beziehungen in der Partnerschaft und zu Freunden zu pflegen und zu gestalten.

> Du sollt nicht Deine Beziehungen zerstören.
> Prüfe, ob im Alltag genug Zeit und Raum für Partnerschaft und Familie bleiben und wie die Beziehungen aktiv gelebt und geplant werden.

Leben schützen und bewahren – nicht nur nicht-töten oder nicht-morden. Um den Abschnitt einer Firmenethik, der sich auf diese Version des fünften Gebots bezieht, zu entwickeln und zu konkretisieren, ist bei vielen Unternehmen und Organisationen einiges an Arbeit zu leisten. Und spätestens, wenn die Aspekte der eigenen Managerpersönlichkeit in den Blick genommen werden, werden auch die typisch menschlichen Verdrängungsmechanismen greifen. Denn wer schaut schon gerne auf seine Schwachpunkte? Doch diese zu überwinden, lohnt sich – für das Unternehmen und für einen selbst.

Literatur

Demmer, H.: Betriebliche Gesundheitsförderung – von der Idee zur Tat. Unter Mitarbeit von K. Kunkel und B. Orfeld. Europäische Serie zur Gesundheitsförderung, Nr. 4, WHO-

Europa, Bundesverband der Betriebskrankenkassen (BKK BV) (Hrsg.), Kopenhagen/Essen, 1995. Kann kostenlos von den Internetseiten der BKK als pdf-file heruntergeladen werden.

Gross, G. F.: Beruflich Profi, privat Amateur? Berufliche Spitzenleistungen und persönliche Lebensqualität, Landsberg, 2002.

Needleman, J.: Die Seele der Zeit. Frankfurt, 1998.

Schipperges, H., u. a.: Die Regelkreise der Lebensführung – Gesundheitsbildung in Theorie und Praxis. Köln, 1988.

Zoche, H.-J.: Die Zehn Gebote für Manager – Das Praxishandbuch zur Erstellung einer Firmenethik. Berlin, 2005.

Gerhard Kilz

Das sechste Gebot: Du sollst nicht die Ehe brechen

Wenn Israel das soziale Leben der Schwächeren schützt und deshalb gerade den Ehe-Vertragsbruch, der die materielle und soziale Sicherheit von Frauen ruiniert, sanktioniert, dann schützt es seine Freiheit.

Es geht um den Freiheitsraum: verlässliche Vereinbarungen

Es geht nicht um Sexualität. Es geht um das partnerschaftliche Verhältnis. Das steht im Vordergrund. Das Verhältnis, das der stärkere Partner zum schwächeren Partner hat. Die Angst und das Misstrauen, das vor allem der schwächere Partner haben muss, weil man ihm (Legalerweise und unter Umständen gesellschaftlich geachtet) seine Lebensgrundlage, die materielle und soziale, entziehen kann.

Die Relevanz des sechsten Gebotes für Organisationen erschließt sich erst bei Verlassen des unmittelbaren Wortlautes und einer Konzentration auf die Freiheitssicherung als den eigentlichen Normzweck der 10 Gebote. Der Ehebruch bedeutete im Kontext des Alten Testamentes auch einen Eingriff in die auf vertraglicher Basis geregelten Beziehungen der Eheleute wie der gesamten Familie mit den Folgen einer möglichen Zerstörung der materiellen wie sozialen Lebensgrundlagen. Anders als in der heutigen ausdifferenzierten Gesellschaft, die durch das Prinzip der Arbeitsteilung gekennzeichnet ist, vollzog sich das Leben ausschließlich in der Großfamilie, außerhalb derer es kaum Überlebenschancen gab. Dort wurden die Nahrungsmittel erwirtschaftet, der Landbesitz gesichert, die Kinder und die Alten versorgt, so dass sie die Existenzbedingungen für ihre Mitglieder generationenübergreifend bereitstellte. Ein Ehe-Vertragsbruch aber greift in dieses autonome System ein und kann es schwächen oder gar zerstören. Ein Auseinanderbrechen der Familie als Folge des Ehebruchs hätte zugleich die Vernichtung der basalen Existenzbedingungen für die Familienmitglieder zur Folge gehabt. Ohne die Familie waren wiederum die Autonomiechancen sehr stark begrenzt oder gar aufgehoben, da deren tatsächliche Umsetzung immer auch von einer adäquaten Ressourcenausstattung abhängig ist. Mit dem sechsten Gebot wird letztlich die Sicherung der für die Freiheitsausübung des Einzelnen unabdingbaren wirtschaftlichen wie auch sozialen Ressourcen bezweckt. Die Aufforderung an die heutigen Adressaten bezieht daher auch auf den Aufbau und die Sicherung einer dauerhaften Vertrauenskultur. So sollen sich Alle auf die Einhaltung getroffener Vereinbarungen verlassen können Anzustreben sind partnerschaftliche Verhältnisse, die Angst und Misstrauen ausschließen. Das sechste Gebot möchte also die gesellschaftlichen wie individuellen Freiheitsräume sichern, indem ein Entscheidungsverhalten vorgeschlagen wird, welches sich stringent an der Respektierung geschlossener Vereinbarungen ausrichtet. Erst hierdurch kann eine wechselseitige Vertrauensbasis entstehen, die für Menschen wie für Organisationen bestehende Unsicherheitslagen minimiert. Zugleich wird aber auch die Absicherung der sozialen wie ökonomischen Existenzgrundlagen bezweckt. Für Organisationen bedeutet dies vor allem die Implementierung und Sicherung von Entscheidungsprämissen, die sich an diese Vorgabe des sechsten Gebotes ausrichten. Im Weiteren soll daher näher danach gefragt werden, welche konkreten Kriterien hierfür von Bedeutung sind.

Einhaltung von Vereinbarungen und verursachten Erwartungen

Soweit dieser Aspekt aus dem 6. Gebot abgeleitet werden kann, deckt sich dies auch mit der bestehenden Rechtsordnung. So gilt im Zivilrecht der Grundsatz des *pacta sund servanda*, also des Einhaltens geschlossener Verträge. Insoweit ist dieser Gedanke des 6. Gebotes schon tradierter Bestandteil der Rechtsordnung. Nicht nur individuelle Wertvorstellungen sondern auch das Recht adaptierte viele der in den 10 Geboten normierten Entscheidungsregeln. Insofern besteht eine Schnittmenge von moralischen und rechtlichen Normen. Letztere erhalten hierdurch auch eine wichtige moralische Legitimation. Der Dekalog dient dann auch als Argumentation gegen rein utilitaristische Begründungsversuche und damit verbundene situationsbezogene Veränderungen der Rechtsordnung. Auf den Aspekt der Vertragstreue abgestellt erscheint es zunächst keinen Bedarf für eine besondere Implementierung eines ethischen Entscheidungskriteriums zu geben. Denn hier existieren bereits rechtliche Sanktionsmöglichkeiten, wie z. B. der Schadensersatz wegen eines Verstoßes gegen vertragliche Verpflichtungen. Aber dennoch zeigt sich auch in diesem Bereich durchaus die Notwendigkeit die rechtliche Ebene durch moralische Kriterien abzusichern. Denn die Option rechtliche Schritte wegen eines Vertragsverstoßes einzuleiten, hängt auch von den gegebenen finanziellen Ressourcen zur Durchführung eines Rechtsstreit ab. Ein überlegener Partner könnte daher eine Strategie verfolgen bei der das Verfahren über möglichst viele Instanzen geführt wird. Da gerichtliche Entscheidungen typischerweise für die Prozessbeteiligten mit sehr hohen Unsicherheiten verbunden sind, entsteht wegen der verursachten Prozesskosten immer auch ein beträchtliches wirtschaftliches Risiko, das man bereit sein muss zu tragen, wenn der Rechtsweg beschritten werden sollte. Angesichts der Ungewissheit des Prozessausgangs könnten dann aber Akteure auf eine gerichtliche Überprüfung des Verhaltens ihres Vertragspartners verzichten, was in der Folge auf eine faktische Duldung von Vertragsverletzungen hinausläuft. Besteht also eine inkongruente Machtverteilung innerhalb vertraglich begründeter Rechtsbeziehungen, könnte diese trotz bestehender rechtlicher Handlungsoptionen für ein vertragswidriges Verhalten ausgenutzt werden. Insoweit besteht also durchaus noch ein Bedarf an einer strukturellen Verankerung des Grundsatzes der Vertragstreue in den Entscheidungsstrukturen von Organisationen. Hierdurch wird eine weitere Absicherung des schwächeren Partners vor Übervorteilung erreicht, die unabhängig von der Realisierung rechtlicher Optionen ist. Die Einhaltung von Vereinbarungen bezieht sich somit im Außenkontakt gegenüber Kunden oder Lieferanten zunächst einmal auf die Respektierung der jeweiligen vertraglichen Ansprüche wie

Verpflichtungen. Ein Verhalten, das aufgrund einer Position des Stärkeren hiergegen verstößt, ist daher mit dem Normgehalt des sechsten Gebotes nicht kompatibel.

Zugleich sind die Aspekte von Vertragtreue und Verlässlichkeit auch bei der Interpretation von unklaren oder offen formulierten vertraglichen Regelungen zu berücksichtigen. Hier könnte eine Seite versucht sein, einseitig nur ihre Präferenzen durchzusetzen, indem die wirtschaftliche Machtposition gerade bei der Konkretisierung der gegenseitigen Verpflichtungen und Ansprüche als Druckmittel eingesetzt wird. Hierin liegt aber ein Verstoß gegen das sechste Gebot, wenn es auf diese Weise faktisch zu einer nachträglichen Veränderung der ursprünglich auf gemeinsame Vorstellungen beruhenden Vertragsinhalte kommt, die dann von der mit geringeren Machtressourcen ausgestatteten Partei letztlich geduldet werden müssen, um die eigene Existenzbasis nicht zu gefährden. Etwas Vergleichbares liegt auch vor, wenn im Nachhinein von ursprünglichen Vereinbarungen durchaus legal abgewichen werden soll, indem die Marktmacht und wirtschaftliche Durchsetzungskraft zu einer Revision und Neuverhandlung der Leistungsbedingungen genutzt wird. Dies ist der Fall, wenn eine Organisation gegenüber ihren Lieferanten, die auf ein Fortbestehen des Leistungssaustausches existentiell angewiesen sind, Kostensenkungen mit dem Hinweis einer möglichen Beendigung der langfristigen Zusammenarbeit durchsetzen will. Dies ist aber mit dem sechsten Gebot nicht kompatibel, da hier ein verlässliches den Erwartungshorizont des Gegenübers stabilisierendes Verhalten gerade nicht mehr vorliegt. Selbst in einer aktuellen Krisensituation, die rasche Kostensenkungen notwenig macht, wäre es nicht gerechtfertigt, die gegenüber Zulieferunternehmen (noch) bestehende Überlegenheit zur Abwälzung dieses Risikos auf diese auszunutzen. Stattdessen gilt es gemeinsam den Spielraum für Lösungen zu erarbeiten und zu nutzen, die allen Beteiligten gerecht werden können, beispielsweise indem zusammen überlegt wird, wo im Bereich der gesamten Fertigungskette bei allen beteiligten Unternehmen noch Kosteneinsparungspotentiale liegen. Hierdurch wird eine Verteilung der negativen Folgen allein auf das schwächste Element des Wertschöpfungsprozesses vermieden. Aus meiner Sicht zeigt dies konkret, welche Anforderungen an Organisationen durch den Dekalog gestellt werden: Trotz des zugrunde liegenden Wettbewerbsprinzips im Kontext freiheitlicher Strukturen soll eine Selbstbeschränkung in Richtung einer Vertrauenskultur erreicht wird, die ein existenzgefährdendes gegen begründete Erwartungen verstoßenes Verhalten ausschließt. Dazu gehört auch die Verlässlichkeit in Bezug auf die angebotenen Produkte und Dienstleistungen. Entsprechen diese den erkennbar artikulierten Vorstellungen des Nachfragers bzw. Kunden oder weichen sie hiervon erheblich ab? Hier gilt es, die geweckten Erwartungen entweder zu erfüllen oder eindeutig auf mögliche Diskrepanzen hinzuweisen. Dies widerspricht auch nicht den marktorientierten Wettbewerbsbeziehungen, weil ein genereller Verzicht auf die Realisierung eigener Vorteile gerade nicht verlangt wird. Gefordert wird vielmehr ein transparentes nicht im Widerspruch zum verursachten Vertrauen stehendes Agieren. Dieses Kriterium der Verlässlichkeit wird umso bedeutender, wie der Kunde wegen mangelnder Informationen oder Kenntnisse nicht in der Lage ist, die Merkmale und Qualität eines Produktes oder der zu erbringenden Dienstleistung zu beurteilen und er daher aufgrund des Informationsungleichgewichtes seinem Vertragspartner notwendig vertrauen muss. Dies betrifft alle gesellschaftlichen Bereiche: Hinsichtlich der politischen Parteien ist zu fragen, ob sie an ihren formulierten Programmen und Wahlaussagen festhalten oder diese schleichend zur Machtsicherung aufgegeben. So hat die Finanz- und später die globale Wirtschaftskrise die Intransparenz vieler Bankprodukte deutlich gemacht. Hier wurden undurchsichtige, selbst für die Vertriebsmitarbeiter von den Risiken her nicht mehr nachvollziehbare Produkte verkauft. Demgegenüber stand das Vertrauen vieler Kunden in die Seriosität dieser Angebote. Unabhängig von einer stärkere Aufklärung und Information über Struktur und mögliche negative Folgen wäre bei Beachtung des 6. Gebotes hier zu überlegen gewesen, ob auf derartige spekulative Angebote nicht grundsätzlich verzichtet werden sollte.

Vertragliche Vereinbarungen sind einzuhalten.
Bewusst hervorgerufene Erwartungen gilt es zu beachten.
Kein Ausnutzen von Machtpositionen zur einseitigen Durchsetzung von Vertragsänderungen

Gestaltung der Arbeitsbeziehungen

Eine vergleichbare Situation besteht auch innerhalb der Arbeitsbeziehungen, wo die Verpflichtungen auch nicht exakt von Beginn an festgelegt werden können. Vielmehr werden, wie bei Gattungsschulden typisch, die zu erbringenden Leistungen abstrakt beschrieben, z. B. die Tätigkeitsart (Sozialarbeiter, Ökonomin) sowie der zeitliche Umfang (Vollzeit, Teilzeit). Über das sog. Direktionsrecht des Arbeitgebers wird die Arbeitsleistung dann für einen bestimmten Zeitpunkt konkretisiert. Der hier geschaffene Gestaltungsspielraum bietet sowohl die Chance betriebliche Interessen mit den individuellen Präferenzen zu verknüpfen als auch die Gefahr einer einseitigen Ausnutzung der gegebenen Freiheitsräume. Letzteres würde vorliegen, wenn über die Gestaltung der Arbeitsprozesse eine zunehmende Arbeitsverdichtung erfolgt, indem Mitarbeiter immer mehr Arbeitsaufträge innerhalb ihrer definierten Arbeitszeit durchführen müssen und auf diese Weise faktisch die vertragliche Leistungsverpflichtung immer weiter erhöht wird. Dies geschieht, wenn die Stellenbeschreibung ein Teilzeitvolumen für eine bestimmte Tätigkeit festlegt (z. B. 75 % einer Vollzeitstelle) aber von vornherein klar ist, dass der Mitarbeiter seine Aufgaben nicht in dieser Zeit erledigen kann und er daher faktisch nicht vergütete Überstunden leistet. Oder wenn eine einseitig an die betrieblichen Interessen ausgerichtete Arbeitszeitgestaltung erfolgt, die für die Belegschaft nur zusätzliche Belastungen beinhaltet. Problematisch sind hier beispielsweise hochflexible arbeitgeberorientierte Arbeitszeitmodelle, die für die Mitarbeiter eine extreme Anpassung und Ausrichtung ihres privaten Lebensbereiches an die Bedürfnisse des Unternehmens verlangen. Diese Gefahr des möglichen Ausnutzens von Machtpositionen lässt bei den Mitarbeitern das

Misstrauen gegenüber dem Arbeitgeber anwachsen, was sich wiederum negativ auf das Engagement bei der Durchführung der Arbeitsaufgaben auswirken könnte. Auf der anderen Seite besteht aber auch für die Beschäftigten ein höchst variabler Verhaltensspielraum. Von ihrer individuellen Einstellung ist es wesentlich abhängig, welches Ergebnis mit der Arbeitsleistung erzielt wird. Motivationsdefizite bei Mitarbeitern werden negative Folgen für das Gesamtergebnis des Wertschöpfungsprozesses bewirken. Da aber die geschuldete Arbeitsleistung wie deren konkrete Erbringung nicht permanent exakt erfassbar und kontrollierbar ist, besteht durchaus die Möglichkeit vertragliche Regelungen zu unterlaufen, indem die geschuldete Leistung gerade nicht bzw. unvollständig erbracht wird. Nicht nur für den Arbeitgeber sondern auch für die übrigen Beschäftigten entwickelt sich hieraus das sog. Trittbrettfahrerproblem, wenn andere die hierdurch bedingten Defizite mit zusätzlichen Anstrengungen ausgleichen müssen. Hieraus kann sich wiederum eine Kultur des Misstrauens herausbilden, wo jeder Akteur die Befürchtung von Übervorteilungen hegt. Die aus dem 6. Gebot sich ergebene Konsequenz wäre aber hier eine Verständigung aller Beteiligten auf die Gewährung eines wechselseitigen Vertrauensvorschusses als Basis für die Ausgestaltung der Arbeitsbeziehungen. Hierbei wird als Grundlage unterstellt, dass der jeweils andere Partner sich an die definierten Regeln des Arbeitsvertrages und seiner späteren Konkretisierung hält. Diese Verpflichtung auf ein rechtskonformes Verhalten mag zunächst banal oder gar naiv klingen, jedoch darf nicht übersehen werden, welche Selbstbeschränkung hiermit verbunden ist. Denn vage formulierte Leistungsbeschreibungen, die Möglichkeit des Ausnutzens wirtschaftlicher Überlegenheit oder fehlende legale zeitnahe Kontrollmöglichkeiten begünstigen durchaus Strategien der egoistischen Nutzenmaximierung. So zeigen gerade die in den Medien diskutierten Überwachungsszenarien in bedeutenden deutschen Unternehmen, wo das Verhalten von Mitarbeitern und des Managements durch Auswertung der Telefondaten, der E–Mail-Korrespondenz oder durch eine Videoüberwachung kontrolliert wurde, diese Dilemmasituation. Ein derartiges Verhalten dokumentiert näm-

lich ein strukturelles Misstrauen im Unternehmen, das auch die Unsicherheit von Entscheidungsträgern gegenüber ihrem unmittelbaren Umfeld aufzeigt.
Es ist also gerade eine große Herausforderung auf Basis der jeweiligen Unternehmenskultur den Schritt in Richtung des Aufbaus von Vertrauensbeziehungen zu wagen. Wechselseitiges Vertrauen kann nicht einfach verordnet, sondern muss in einem kontinuierlichen Prozess aufgebaut und später abgesichert werden. Auf den Weg hierin wäre ein wichtiger Baustein die Transparenz von Prozessen. Soweit Kontrolle und Überwachung des Verhaltens erforderlich sind, gilt es die beteiligten Personen über Anlass, Ziel und über die erhobenen Informationen zeitnah zu informieren. Dieser Grundsatz ist gerade im deutschen Betriebesverfassungsgesetz (BetrVG) niedergelegt. Nach § 87 II Nr. 6 BetrVG bedarf es der Zustimmung des Betriebsrates bevor Maßnahmen der technischen Überwachung eingeführt werden können. Wenn also die Mitarbeiter wissen, welche Maßnahmen konkret durchgeführt werden, in welchem Umfang dies geschieht und wie die gewonnenen Daten genutzt werden, wird dies zur Akzeptanz wesentlich beitragen. Hier besteht wiederum die Schnittstelle des moralischen Verhaltens zum rechtskonformen Entscheiden. Die Diskussion um Datenschutz und Überwachung wird im Recht unter dem Aspekt des informationellen Selbstbestimmungsrechts geführt. Es ist also keine neue Problematik, die plötzlich aufgetaucht ist. Umso erstaunlicher ist daher der vielfache Verstoß gegen diese bekannten rechtlichen Regeln. Wenn dieses Verhalten offensichtlich wird, findet eine ritualisierte Schadensbegrenzung statt. Es erfolgen Bekundungen, die ein künftig anderes Reagieren garantieren sollen, verbunden mit einem Statement – zumeist in Zeitungsannoncen oder auf Werbeplakaten – über die Wertschätzung der eigenen Mitarbeiter. Aber dann ist der Vertrauensverlust schon eingetreten und es stellt sich der Frage, warum man nunmehr diesen Beteuerungen glauben schenken sollte. Stattdessen ist es sinnvoller von Anfang an einen Paradigmenwechsel in Richtung einer Vertrauenskultur zu vollziehen. Gelingen kann dies, wenn in die bestehenden Strukturen hinein Bereiche geschaffen werden, wo durch konkrete Maßnah-

men der Ausbau von stabilen Vertrauensbeziehungen initiiert wird. Geschehen kann dies durch eine Stärkung der Eigenverantwortung der Mitarbeiter, sei es bei der Art und Weise der Erledigung der Arbeitsaufgaben oder bei der Gestaltung ihrer individuellen Arbeitszeit. Gerade die Eröffnung von Autonomiespielräumen kann zu einem kreativeren Umfeld führen, welches eine Voraussetzung für die Steigerung zumindest aber Sicherung der Arbeitsmotivation der Beschäftigten ist.

Mit der Eröffnung von entsprechenden Gestaltungsspielräumen bei der Erledigung der Arbeitsaufgaben können Mitarbeiter ihr kreatives Potenzial entfalten und zeigen, zu welchen Leistungen sie überhaupt in der Lage sind. Anstelle der engmaschigen Überwachung treten Freiheitsräume, wo über die Analyse der erbrachten Arbeitsergebnisse eine Bewertung der Leistungen erfolgt. Erreicht werden kann dies über getroffene Zielvereinbarungen verbunden mit einem regelmäßigen Abgleich ihrer Erfüllung. Ein weiterer Aspekt stellt hier das Arbeitszeitmanagement dar. So können rigide Arbeitszeitvorgaben, die ausschließlich über den Arbeitgeber definiert werden, ersetzt oder zumindest ergänzt werden durch Arbeitszeitmodelle, die auch eine Berücksichtigung der individuellen Interessen der Mitarbeiter und damit deren Partizipation ermöglichen. Die Chance dazu bieten Modelle, die versuchen, sowohl die betrieblichen Bedürfnisse als auch die Interessen der Mitarbeiter miteinander zu koordinieren. Zu denken wäre vor allem an flexible Gleitzeitsysteme, die die eigenverantwortliche Arbeitszeitplanung der Arbeitnehmer durch die Option des Ansparens von Zeitgutschriften über längere Bezugszeiträume hinweg unterstützen. So können dann nicht nur längere frei nutzbare Freizeitblöcke entstehen, sondern es wird auch eine bessere Abstimmung der privaten Sphäre mit den beruflichen Anforderungen möglich. Auf Grundlage einer derartigen flexiblen auch die Bedürfnisse der Mitarbeiter berücksichtigenden Arbeitsorganisation kann begleitend eine Überprüfung von Fehlentwicklungen oder Problemen parallel gemeinsam erfolgen, wenn Vorgesetze wie Arbeitnehmer im Nachhinein Defizitlagen thematisieren und zeitnah lösen. Über diesen kommunikativen Prozess werden verlässliche Kooperationsstrukturen

ausgebildet und stabilisiert, die enge Kontrollmechanismen von vornherein überflüssig machen. Über eine begleitende Evaluation kann auch eine Aussage über den konkreten positiven wie negativen Effekt gemacht werden. Konkret lässt sich so festhalten, wie die Beteiligten mit dem wechselseitigen Vertrauensvorschuss umgehen. Ein mögliches egoistisches Ausnutzen und damit aktuelle Defizite in der Vertrauenskultur einer Organisation werden somit zumindest im Nachhinein erkennbar und können in der Folge entsprechend bearbeitet werden. Das heißt, es ist zu überlegen, welche Maßnahmen zur gegenseitigen Vertrauensstabilisierung ergriffen werden können. Dies kann zum Beispiel Anlass für eine gezielte Weiterentwicklung von Kompetenzen der Mitarbeiter aber auch des Managements im Umgang mit geschaffenen Autonomieräumen sein.
Die Schaffung und Sicherung von Vertrauensstrukturen bleibt also ein kontinuierlicher Prozess an dem auch alle Mitglieder der Organisation beteiligt sind und der auch sicherlich mit enttäuschten Erwartungen verbunden sein dürfte. Ein besonderer sensibler Bereich ist auch der Abbau von Arbeitsplätzen aus wirtschaftlichen Gründen. Trotz einer rechtlichen Absicherung durch das Kündigungsschutzgesetz sind Entlassungen insbesondere wegen Umsatzrückgängen oder Betriebsverlagerungen zur Anpassung des Faktors Arbeit an den tatsächlich noch benötigten Bedarf grundsätzlich zulässig. Demgegenüber haben die Beschäftigten natürlich ein großes Interesse an einer Fortsetzung des Arbeitsverhältnisses als wichtige Grundlage für ihre finanzielle Absicherung. Mit dem Abschluss eines unbefristeten Arbeitsvertrages dürfte damit auch die von den Arbeitgebern häufig gestärkte Erwartung einer möglichst langen Dauer der vertraglichen Beziehungen verbunden sein. Denn die Sicherheit des Arbeitsplatzes ist eine wesentliche Bedingung für die Entfaltung von Leistungspotentialen und somit auch für das Leistungsniveau im Unternehmen. Wenn nunmehr eine Krisensituation eintritt, darf bei einer an das 6. Gebot ausgerichteten Organisationskultur dieser Erwartungshorizont nicht einfach ausgeblendet werden. Anstelle unreflektierter Kündigungsentscheidungen gilt es also Lösungen zu entwickeln, die

das Interesse am Erhalt von Arbeitsplätzen angemessen berücksichtigen. Es ist dabei ein Ausgleich zwischen den wirtschaftlich notwendigen Schritten zum Fortbestand der Organisation und den Erwartungen und Hoffnungen der Mitarbeiter zu finden. Das 6. Gebot führt in dieser Situation also nicht zu einem generellen Ausschluss von Entlassungen, sondern möchte vielmehr ein zusätzliches Entscheidungskriterium artikulieren, welches im Rahmen der ökonomisch begrenzten Handlungsspielräume beachtet werden soll. Konkret bedeutet dies die Konzipierung von Alternativen zur Kündigung, durch die möglichst viele Arbeitsplätze abgesichert werden. Zugleich bleiben auch die vorhandenen Fertigkeiten, das spezifische Know-how und die Kompetenzen erhalten, so dass dies auch unter Zugrundelegung eines längerfristigen Zeithorizontes einen wesentlichen Vorteil für den Arbeitgeber bedeutet. Fachkräfte bleiben dauerhaft erhalten und müssen nicht in Phasen der konjunkturellen Erholung erst wieder beschafft und eingearbeitet werden. So zeigt sich gegenwärtig bei vielen Unternehmen die Tendenz, den Mitarbeiterbestand trotz Umsatzrückgänge über die Einführung von Kurzarbeit, Reduzierung von Zeitguthaben aus vergangenen Perioden oder aber über eine solidarische Umverteilung des Arbeitszeitvolumens zu sichern. Letzteres ist insbesondere im Bereich der Metallindustrie erprobt, wo Tarifverträge die Absenkung der individuellen Arbeitszeit bei entsprechender Kürzung der Löhne zur Sicherung der Arbeitsplätze erlauben. Die konsequente Ausnutzung dieser Umsetzungsspielräume wäre bei einer an das 6. Gebot orientierten Entscheidungsfindung die angemessene Reaktion auf wirtschaftliche Schwierigkeiten. Dies bedeutet also die Konzipierung und Umsetzung gerade von variablen Arbeitszeitmodellen, die Umfang und Verteilung des Arbeitszeitvolumens zwischen den Beschäftigten so gestalten, dass für eine möglichst große Zahl von Personen eine Alternative zur Kündigung erreicht wird. Zu denken ist dabei insbesondere an Arbeitszeitformen, die hochflexibel sind, also eine Vielzahl von Reaktionsoptionen beinhalten. Sie müssen so variabel sein, dass sie einerseits eine kontinuierliche Besetzung der Arbeitsplätze sicherstellen aber andererseits auch ein Ansparen bzw. ein Abschmelzen von

Zeitguthaben der Mitarbeiter als Reaktion auf Nachfrageschwankungen ermöglichen. Mit der Integration von arbeitnehmerorientierten Gestaltungsmöglichkeiten über die Ermöglichung von Gleitzeitelementen in Verbindung mit dem Ansparen längerer Zeitguthaben ist ebenfalls eine angemessenen Berücksichtigung der individuellen Präferenzen bei der Belegschaft möglich. Auch in Krisensituationen können somit Maßnahmen zur Stabilisierung verlässlicher Beziehungen realisiert werden.

> Organisationen müssen die Eröffnung von Partizipationsspielräumen für Mitarbeiter innerhalb der betrieblichen Arbeitsorganisation zulassen.
> Organisationen benötigen für die Koordinierung von Arbeitnehmerinteressen und betrieblichen Anforderungen eine flexible Arbeitszeitgestaltung.
> Organisationen sollen Alternativen zu wirtschaftlich notwendigen Entlassung von Mitarbeitern entwickeln.

Schluss

Die Entwicklung und Sicherung von Vertrauen bietet die Chance zur Stabilisierung individueller Erwartungshorizonte. Die Akteure können sich auf die Einhaltung der getroffenen Absprachen verlassen. Dies bedeutet aber auch das Wagnis, dem jeweils anderen ein entsprechendes Verhalten zu unterstellen. Erkenntnisse der neueren ökonomischen Forschung, wie sie insbesondere in der sog. Spieltheorie zum Ausdruck kommen, weisen durchaus auf ein kooperatives Verhaltensmuster hin. Gerade bei längeren Beziehungen erfolgt eine Orientierung an das Verhalten der Gegenseite. In dem Umfang, wie eine Kooperationsbereitschaft, die das Entstehen von Vorteilen zulässt, besteht, wird dies auch reziprok zurückgegeben. Das Ergebnis gegenseitiger Beobachtungen ist also die zunehmende Anwendung von Kooperationsstrategien bei längerfristigen Kontakten unter gleichzeitiger Verdrängung rein egoistischer Ansätze der individuellen Nutzenmaximierung. Die Implementierung von vertrauensfördernden Strukturen wird damit für Organisationen durchaus zu einer rationalen Entscheidung. Allerdings ist bei der Einführung zunächst nicht vorhersehbar, wie die anderen beteiligten Akteure reagieren werden. So könnten die damit einhergehenden Handlungsspielräume ausschließlich zur egoistischen Realisierung zusätzlicher Vorteile unter Verletzung der Organisationsinteressen ausgenutzt werden. Die Akzeptanz dieses latenten Implementierungsrisikos beinhaltet aber für die Organisation einen bewusst vollzogenen Vertrauensvorschuss in die Integrität der beteiligten Personen. Daher bedeutet aus Sicht der Organisation die Orientierung der Entscheidungsbedingungen an das sechste Gebot eine Vorleistung in eine Vertrauenskultur und zwar in Erwartung einer entsprechenden Zustimmung bei den übrigen Akteuren. Es handelt hierbei um einen dauerhaften Prozess, dessen Dauer vom konkreten Status der Kooperationsbereitschaft bei allen Beteiligten abhängig ist. Gelingen kann dies, wenn alle Beteiligten gemeinsam die Fortschritte aber auch Widerstände in der Organisation analysieren und sich über weitere zu ergreifende Maßnahmen verständigen.

Literatur

Becker, C.: Die Zehn Gebote. Verfassung der Freiheit, Augsburg, 2004.

Crüsemann, F.: Bewahrung der Freiheit. Das Thema des Dekalogs in sozialgeschichtlicher Perspektive, Gütersloh, 1993.

Heuser, U. J.: Humanomics: Die Entdeckung des Menschen in der Wirtschaft, Frankfurt a. M., 2008.

Kilz, G. / Reh, D.: Innovative Arbeitszeitsysteme, Berlin, 1996.

Luhmann, N.: Vertrauen: ein Mechanismus der Reduktion sozialer Komplexität, 4. Aufl., Stuttgart, 2000.

Nerdinger, F. W. Grundlagen des Verhaltens in Organisationen, 2. Aufl., Stuttgart, 2008.

Neubauer, W.: Organisationskultur, Stuttgart, 2003.

Werner Wertgen

Das siebte Gebot: Du sollst nicht stehlen

Wenn Israel das persönliche Eigentum des Einzelnen sichert und alle Handlungen unterbindet, die das Eigentum des Anderen als dessen materielle Grundlage der Freiheit gefährden könnten, schützt es seine Freiheit.

Es geht um den Freiheitsraum: Eigentum

Organisationen müssen wirtschaften. Sonst gibt es sie bald nicht mehr. Sie sichern zunächst den sozialen Auftrag am Menschen. Denn dazu sind sie da. In einem späteren Schritt stellen sie sich aber durchaus auch die Frage nach der Wirtschaftlichkeit. Im Qualitätsmanagement der Sozialen Organisationen ist Wirtschaftlichkeit längst etabliert. Er gibt Auskunft über die Zweckangemessenheit des sozialen „Produkts", der Dienstleistung oder des entsprechenden Prozesses.
Die Wirtschaftlichkeit der Organisation – die nicht losgelöst zu denken ist von ihrer Identität und Integrität – spielt eine Rolle, wenn es um die Freiheit des Ganzen und der einzelnen Personen geht.

1. Biblische Grundlagen

Nach katholischer und lutherischer Zählung heißt das siebte Gebot des „Zehnworts": „Du wirst (sollst) nicht stehlen" (Ex 20,15; Dtn 5,19). Der im Hebräischen verwendete Terminus für „stehlen" (ganab) kann auch „entführen", „rauben", „täuschen", „betrügen" meinen. Die Bedeutungsbreite des Wortes „ganab" und der gesamte exegetische Zusammenhang dieses Verbots lassen den Rückschluss zu, dass damit ursprünglich das Delikt der Freiheitsberaubung bzw. das der Versklavung angesprochen wurde (wie es in Ex 21,16 beschrieben wird, vgl. auch Dtn

24,7). Allerdings dürfte das siebte Dekaloggebot doch umfänglicher zu verstehen sein und auch – vielleicht sogar in erster Linie – den Diebstahl von Gütern meinen. Es lässt sich im Diebstahl-Verbot eine Rechtsentwicklung feststellen, die keineswegs willkürlich oder zufällig ist, sondern einer inneren Logik gehorcht: Zum Verbot der Freiheitsberaubung kommt das Verbot des Entzugs der Lebensgrundlagen hinzu, weil nur dann, wenn es wenigstens ein Mindestmaß an Verfügungsrechten gibt, der Mensch sein Leben handelnd führen kann.
Die grundlegende Idee der so genannten „zweiten Tafel" der Zehn Gebote ist nämlich – vereinfacht ausgedrückt – der Schutz des Menschen in seiner Würde und Verletzlichkeit. Die dort angesprochenen Tatbestände benennen sensible Bereiche des menschlichen (Zusammen-)Lebens und mahnen zu einem gedeihlichen Interaktionsverhältnis. Deshalb hängen die Gebotsinhalte auch miteinander zusammen und variieren das Grundthema gewissermaßen in verschiedene Hinsichten. So kommt es, dass die Gebote des Dekalogs zwar allesamt Paränesen sind, also Mahnreden, und keine Normen im eigentlichen Sinn darstellen, dass sie aber dennoch insgesamt als Richtschnur des Handelns gelten können. Das gilt auch für das siebte Dekaloggebot.

> Ziel des siebten Gebots
> ist der Schutz des Menschen in seiner Würde und Verletzlichkeit und damit die Sicherung (1) seiner Freiheit und (2) seiner (materiellen) Existenz.

2. Anwendungs- bzw. Referenzbereiche

Wenn der Mensch in seiner Würde und Verletzlichkeit geschützt und gefördert werden soll, dann gilt es zu allererst, die Grundlagen (1) seiner Freiheit und (2) seiner Existenz zu sichern. Und genau das wird im siebten Gebot versucht, wenn sowohl Freiheitsberaubung und Versklavung als auch das Entwenden der materiellen Lebensgrundlagen verboten wird. Was bedeutet dieser Ansatz *für uns heute* und insbesondere für das Funktionieren von

Organisationen sowie für die Dienstfunktion von Organisationen und Systemen für den Menschen?
Im Kern lässt sich hinter der Absicht des Würdeschutzes das Anliegen der Menschenrechte erkennen. Und tatsächlich, bereits die frühen Dokumente, die man in die „Ahnenreihe“ der Menschenrechtserklärungen einsortieren kann, weisen diese Doppelstruktur auf, die sich auch in der Zweistufigkeit des siebten Gebots findet: Schutz der Person und Schutz seiner Lebensgrundlagen. So heißt es z. B. im Art. 39 der „Magna Charta Libertatum“ von 1215: „Kein freier Mann soll verhaftet oder eingekerkert oder um seinen Besitz gebracht oder geächtet oder verbannt oder sonst in irgendeiner Weise ruiniert werden [...], es sei denn aufgrund eines gesetzlichen Urteils [...].“ Natürlich ist dieses Dokument eine König Johann Ohneland abgepresste Privilegiensammlung. Aber das tut der Erkenntnis keinen Abbruch, dass die beiden Rechte (1) Freiheits- und (2) Eigentumsschutz auch hier eine fundamentale Bedeutung besitzen. Und so findet sich die Trias „life, liberty, property/estate“ als Kernbestand der Menschenrechtsentwicklung, besonders seit John Locke.
Wenn man dies für unsere Zeit übersetzt, dann kommt man zu den beiden schutzwürdigen Feldern (1) Freiheit und selbstbestimmte Lebensführung sowie (2) Eigentum und Eigentumsrechte.

> Ins Heute übertragen verlangt das siebte Gebot
> (1) die Freiheit und die selbstbestimmte Lebensführung der Menschen (samt der dazu notwendigen Bedingungen) sowie
> (2) legitimes Eigentum und berechtigte Eigentumsrechte zu sichern.

2.1 Freiheit und selbstbestimmte Lebensführung

Das Gut Freiheit besitzt eine fundamentale Bedeutung. Der Mensch ist – wie man in Anlehnung an Helmuth Plessner und Arnold Gehlen sagen kann – ein instinktreduziertes Mängelwesen, das sein Leben handelnd führen muss. Diese anthropologische Bestimmung drückt sich nicht nur in der prinzipiellen Gefährdung menschlicher

Existenz aus, die darin besteht, dass der Mensch unhintergehbar auf eine künstliche, nämlich kulturell gestaltete Umwelt angewiesen ist, wenn er überleben will. Sie macht sich auch darin bemerkbar, dass Menschen ihre konkrete Lebensgestaltung ausreichend selbst bestimmen können müssen, sofern sie ihr Leben als sinnvoll erleben können sollen. So ist z. B. das Problem der Arbeitslosigkeit für die Betroffenen nicht nur ein finanzielles, sondern auch ein solches empfundener Sinnlosigkeit und – besonders in einer „Arbeitsgesellschaft“ – verminderter Beteiligungs- und Mitgestaltungsmöglichkeiten.

In einer pluralistischen Gesellschaft, in der es keine allgemeine Übereinstimmung in der Antwort auf die Frage nach dem sinnvollen und geglückten Leben gibt, in der die Suche danach vielmehr in den Bereich der individuellen Lebensgestaltung verlagert ist, fungiert Freiheit als Platzhalter, als „Container“ für individuelle (oder in Freiheit mit anderen gemeinsam gestaltete, z. B. eine religiöse) Glückssuche und sinnvolle Lebensgestaltung. Freiheit wird zur „Verwirklichungschance“, wie Amartya Sen dies ausdrückt. Unverzichtbare Voraussetzung für diese Freiheit sind die diversen Menschenrechte, die einen entsprechenden Schutzschirm bilden. Dieses Konzept einer „deontischen Moral“, wie ich es nennen möchte, schützt und – wenn möglich – garantiert die Freiheit des Individuums um dessen selbstbestimmter Lebensführung willen.

Das alternative Konzept wäre das einer, wie ich sie nennen möchte, „eudämonistischen Moral“ (auch wenn der Terminus „eudämonistisch“ im eingebürgerten Sprachgebrauch enger gefasst und negativ konnotiert wird). Eine solche Moral besitzt ein Konzept des In-sich-Guten, des absolut Guten, der Glückseligkeit (griechisch: „eudaimonia“), des gelingenden Lebens. Die moralischen Normen dienen hier gewissermaßen als Geländer auf dem Weg zum gelingenden Leben. Religiöse Moralen sind in der Regel solche eudämonistische Moralen (vgl. dazu Wertgen 2008).

Jede Einschränkung der individuellen „Freiheitsblasen“ (die für alle möglichst groß und prinzipiell gleichermaßen groß zu sein haben), innerhalb derer das Individuum nach eigenen Plänen und eigener Willkür agieren darf, ist rechtfertigungspflichtig.

Die individuelle Freiheit wird in drei Hinsichten begrenzt. (1) Sie findet dort ihre Grenze, wo die legitime Freiheit der anderen beginnt. (2) Sie wird eingeschränkt durch die Verpflichtungen, die das Individuum gegenüber der Gemeinschaft wahrzunehmen hat, damit diese als Garant dieses deontischen Konzepts wirken kann. (3) Schließlich wird sie durch individuelle zwischenmenschliche Verpflichtungen eingeschränkt. Freiheit kann es, das wird aus diesen wenigen Bemerkungen schon deutlich, nur als die eine Seite der Medaille geben, deren andere bestimmte Verpflichtungen beschreibt. Die Formulierung des Art. 4 der französischen Revolutionsverfassung von 1791: „Freiheit besteht darin, alles tun zu können, was einem anderen nicht schadet", ist nicht falsch, aber unvollständig (vgl. dazu Wertgen 2008).

Dieses deontische Konzept liegt auch dem Selbstverständnis der Bundesrepublik Deutschland zugrunde. Art. 1 Abs. 1 des Grundgesetzes bestimmt: „Die Würde des Menschen ist unantastbar. Sie zu achten und zu schützen ist Verpflichtung aller staatlichen Gewalt". Was die zu schützende Würde des Menschen im konkreten Streitfall ausmacht, muss im Zweifel vom Bundesverfassungsgericht interpretativ geklärt werden. Ein wichtiges Interpretationskriterium liefert Art. 2 des Grundgesetzes: „(1) Jeder hat das Recht auf die freie Entfaltung seiner Persönlichkeit, soweit er nicht die Rechte anderer verletzt und nicht gegen die verfassungsmäßige Ordnung oder das Sittengesetz verstößt. (2) Jeder hat das Recht auf Leben und körperliche Unversehrtheit. Die Freiheit der Person ist unverletzlich. In diese Rechte darf nur auf Grund eines Gesetzes eingegriffen werden." Damit wird der Schutz der individuellen Freiheitsblasen zu einer wichtigen, wenn nicht maßgeblichen Aufgabe des Staates im Sinne des Würdeschutzes des Art. 1 des Grundgesetzes.

Die selbstbestimmte Lebensführung und – als deren Voraussetzung – die Freiheit der Individuen (mit den notwendigen Einschränkungen) sind die zentralen Güter einer säkular strukturierten Gesellschaft. An der Achtung dieses Kriteriums macht sich die Legitimität jedes staatlichen, aber auch jedes (zivil-)gesellschaftlichen Handelns und (systemischen) Operierens fest. Es gilt also das Konzept der deontischen Moral im oben beschriebenen Sinne. Die Umsetzung dieses Konzepts hat prinzipiell der Staat zu garantieren, der im Rahmen der Drittwirkung die Menschenrechte auch gegen widrige zivilgesellschaftlich-organisationelle Wirkungen durchzusetzen, also die Menschen auch vor Menschenrechtsverletzungen durch Dritte zu schützen hat. Gleiches gilt auch für die Durchsetzung des deontischen Konzepts, insofern es durch die Art. 1 und 2 des Grundgesetzes gesamtgesellschaftlich verbindlich gemacht wurde.

Was bedeutet das für eine Organisationsethik? Organisationen – so verschieden sie im Einzelnen auch sein mögen (Wirtschaftsunternehmen, Vereine, Non-Profit-Organisationen, Interessenverbände, Parteien etc.) – sind selbstreferentielle, autopoietische Systeme und haben als solche zunächst nur den Zweck, alles zur Erreichung der ihnen systemisch vorgegebenen Zielsetzung zu unternehmen. Systemfremde Zielsetzungen sind systemisch nicht „sinnvoll", d. h. nicht anschlussfähig und ggf. für das System dysfunktional. Die Sicherstellung der selbstbestimmten Lebensführung der Individuen ist möglicherweise eine solche systemisch dysfunktionale Aufgabe. Man denke etwa an Wirtschaftsunternehmen, deren systemische Funktion – mit Luhmann – in Gewinnmaximierung und der (damit verbundenen) Aufrechterhaltung der eigenen Autopoiesis, also der eigenen Fortexistenz, besteht.

Die Verfolgung nicht-systeminhärenter Zielsetzungen muss durch Restriktionen, also durch Rahmenbedingungen evoziert werden, die ein solches systemisches Operieren begünstigen (d. h.: für die Systemlogik gegenüber ihren Alternativen zielführender machen), das den eigentlich „sinnfremden" Zielsetzungen (hier: der selbstbestimmten Lebensführung der Personen) dient. (Man denke etwa an Umweltschutzmaßnahmen durch Emissionszertifikate oder an die Förderung der Beschäftigung Schwerbehinderter durch einschlägige sanktionsbewehrte gesetzliche Regelungen, vgl. SGB IX.) Solche Rahmenbedingungen können nicht nur das Operieren von Systemen in gewisser Hinsicht steuern („Kontextsteuerung") und somit die Befolgung des deontischen Konzepts erreichen, sondern auch verhindern, dass einzelne Subsysteme (Organisationen) sich durch ein defektives Verhalten Vorteile sichern, wie dies bei freiwilligen Vereinbarungen und sanktionsarmen Regelungen leicht der Fall sein kann. Ebenso können unerwünschte Dilemma-Situationen vermieden werden, bei denen die systemspezifisch rationalen Entscheidungen zu insgesamt suboptimalen oder gar kontraproduktiven Ergebnissen führen (man denke etwa an die Allmende-Problematik). Diese Zusammenhänge werden u. a. von Karl Homann in seinen wirtschaftsethischen Ausführungen, dem „ordnungsethischen Konzept" der „ökonomischen Theorie der Moral", behandelt. An dieser Stelle wird bereits deutlich, dass die Verwirklichung der deontischen Moral nicht (alleine) durch Gesinnungsappelle an die einzelnen Individuen erreicht werden kann, sondern systemische Maßnahmen verlangt. Eine Organisationsethik darf sich also nicht in individualethischen Richtlinien und Tugendappellen erschöpfen, sondern muss die Strukturen beeinflussen.

Nun soll das deontische Konzept flächendeckend und ausnahmslos gelten, also für *interne* wie auch für *externe* soziale *Beziehungen* wie auch *Prozesse* der Organisationen. Deshalb sind mehrere Ebenen der Rahmenordnung (also der Kontextsteuerung) einzurichten. Die staatlichen (oder gar überstaatlichen) Regeln dienen der Sicherstellung einer menschenrechtskonformen und sozialstaatskonformen Operationsweise der Systeme (der Organisationen). Innerhalb der Systeme dienen interne Rahmenordnungen („Leitbilder", „Unternehmenskultur") der Lenkung der individuellen Akteure. Während die übergeordnete (i. d. R. staatliche) Rahmenordnung dafür sorgen soll, dass das autopoietische selbstreferenzielle systemische Operieren der *Organisation insgesamt* zugleich dem deontischen Konzept folgt, dienen die internen Rahmenordnungen dazu, sicherzustellen, dass das eigeninteressierte *Handeln der einzelnen Akteure im System* solche Effekte hervorbringt, die zugleich dem Organisationsziel und (wegen der „deontischen Bindung" des Systems über die Kontextsteuerung durch die übergeordnete Rahmenordnung auch) dem deontischen Konzept genügen.

Die konkrete Umsetzung dieses Ansatzes ist systemvariant, das heißt, sie ist in geeigneter Weise den Eigenarten der Systeme gemäß effektiv anzupassen.

Die Füllung des deontischen Konzepts mit Inhalten und seine normative Umsetzung muss diskursiv erfolgen. Der Homann'sche Ansatz ist eher formal, er bedarf eines Konzepts, das seine *inhaltliche* Anwendung erlaubt und damit eine Antwort auf die Fragen, *was* für *wen* erreicht werden soll, zu geben in der Lage ist. Hier kann Peter Ulrichs „integrative Wirtschaftsethik" hilfreiche Dienste leisten. Da es keine „idealen Diskurse" (im Sinne Habermas') gibt, müssen alle (diskursiv erarbeiteten) Regelungen der Rahmenordnungen den Prinzipien der katholischen Soziallehre genügen, um eine hinreichende Gewähr zu bieten, dem deontischen Konzept zu entsprechen.
Für die Ausgestaltung der Rahmenordnung innerhalb der Organisationen (also für die Festlegung ihrer Operationsweise) bieten sich die Methoden des Qualitätsmanagements an. Weil Organisationen umso erfolgreicher operieren können, je besser sie auf die sie beeinflussenden Restriktionen (auf ihre „Umwelt") reagieren, wird das Qualitätsmanagement die Regelungen der übergeordneten Rahmenordnung, aber auch die legitimen (d.h. im obigen Sinne diskursiv rechtfertigbaren) Ansprüche der Akteure, auf deren Verhalten die Organisation angewiesen ist (Kunden, Mitarbeiter, andere Organisationen etc.), berücksichtigen – wobei hier vorausgesetzt wird, dass die übergeordnete (staatliche) Rahmenordnung eine mögliche Ausbeutung (etwa der Arbeitskräfte seitens der Organisation als Arbeitgeber oder der Organisation seitens Dritter, z. B. durch Monopolisten etc.) durch wirksame Restriktionen verhindert. Auf diese Weise können im Idealfall hinsichtlich der Individuen freiheits- (und einschlussweise gesundheits-) einschränkende Bedingungen (für Arbeitnehmer wie auch für Kunden) und hinsichtlich der Organisationen unbillig ruinöse Bedingungen vermieden und wünschenswerte Interaktionsverhältnisse geschaffen werden.
Da es nur in eingeschränkter Weise transnationale Instanzen gibt, die wirksame Restriktionen auf oberster Ebene setzen können, ist die Umsetzung der geschilderten Zusammenhänge auf globaler Ebene schwierig.
Freilich: strukturelle Maßnahmen greifen nur, wenn sie von Individuen getragen werden. (*Ex negativo* sieht man das z. B. am Untergang der DDR, die nicht mehr fortbe-

stehen konnte, als ein Großteil der Bevölkerung die Strukturen nicht mehr zu akzeptieren bereit war und das System deshalb immer operationsunfähiger wurde.) Individuelle Moralität wird also nicht überflüssig. Zudem können strukturelle Vorgaben die konkreten Sachverhalte niemals detailliert voraussehen und gänzlich bestimmen. Es bleiben immer strukturelle Unvollständigkeiten, die durch konkrete (individuelle) Handlungen ausgefüllt werden müssen. Ja, solche Unvollständigkeiten können, der Flexibilität wegen, sogar systemisch sinnvoll oder gar notwendig sein. Hier greift die individuelle Moralität, wenn auch diese Handlungsbereiche nicht nur systemisch zuträglich, sondern auch im Sinne einer deontischen Moral geregelt werden sollen (vgl. Homann/Lütge 2005).

> Organisationen haben letztlich der selbstbestimmten Lebensführung der Menschen zu dienen.
> Dazu müssen sie durch Rahmenbedingungen („Restriktionen“) in der Weise kontextgesteuert werden, dass ihre systemische Operationsweise zugleich den Anforderungen der deontischen Moral (und damit den oben genannten Zielen) dient.
> Um dieses Ziel nach außen wie nach innen für Beziehungen wie für Prozesse zu erreichen, bedarf es mehrerer Ebenen der Rahmenordnung (also der Kontextsteuerung).
> Staatliche Regeln dienen der Steuerung von Systemen als solchen, organisationsinterne Rahmenordnungen („Leitbilder“, „Unternehmenskultur“) der Lenkung der individuellen Akteure in den Systemen.
> Ziel ist ein systemisches wie individuelles Agieren, das den Anforderungen der deontischen Moral genügt.
> Die inhaltliche Füllung sollte diskursiv vorgenommen werden (mit den Prinzipien der katholischen Soziallehre als Substitutionsprinzipien). Für eine Leitbildentwicklung ist ein differenziertes Qualitätsmanagement nötig.
> (Systemisch notwendige) Handlungsspielräume, die nicht durch Rahmenbedingungen geregelt werden (z. B. „unvollständige Verträge“), sind von den zu-

ständigen individuellen Akteuren in Wahrnehmung ihrer individuellen Moralität im Sinne einer deontischen Moral auszufüllen.

2.2 Eigentum und Eigentumsrechte

Wenn der Freiheitsschutz nicht zu einer zynischen Leerformel werden soll, die sich im Diktum von Anatole France aus dem Jahr 1894 widerspiegelt, wonach die gleiche (negative) Freiheit darin bestehe, dass jeder – Arm wie Reich – das Recht habe, unter Brücken zu schlafen, dann muss jedem Individuum die *positive* Möglichkeit gegeben werden, sein Leben selbstbestimmt handelnd zu führen. Wichtige Voraussetzungen dieser Möglichkeit sind Teilhabe- und Beteiligungsrechte (Demokratie, Mitbestimmung) sowie ggf. die subsidiäre Unterstützung der Individuen durch die Gemeinschaft, die aufgrund der sozialen Menschenrechte geboten ist und zu der sich unser Staat als sozialer Rechtsstaat verpflichtet hat (GG Art. 20 Abs. 1; Art. 28 Abs. 1). Eine ebenso wichtige Voraussetzung ist die Verfügung über Güter, die zur selbstbestimmten Lebensführung eingesetzt werden können, weshalb in Deutschland das Eigentum grundgesetzlich geschützt (GG Art. 14) und die Teilnahme am Arbeitsmarkt wichtig ist. Damit verbunden ist jedoch die gesamte Problematik der Begründung und Ausgestaltung von Eigentumsverhältnissen und Eigentumsrechten. Diese Problematik ergibt sich aus der oben beschriebenen „natürlichen Künstlichkeit“ (Plessner), der zufolge der Mensch nur in einer kulturell geformten und ausgestalteten Welt zu überleben vermag. Eigentumsordnungen gehören zu diesen Kulturleistungen (die jedoch stets der Gerechtigkeit – im deontischen Sinne – verpflichtet sind).

Vom deontischen Konzept ausgehend, bietet es sich an, die Institution des Eigentums über ihre Kapazität, Freiheit und selbstbestimmte Lebensführung zu ermöglichen, zu begründen und von dorther zu konzipieren. Tatsächlich ist das auch häufig so gemacht worden, und man findet diesen Ansatz auch gegenwärtig. Er hat sicherlich einiges für sich, gerade weil er in der Logik der deontischen Moral steht. Aber für sich alleine genommen, leidet er unter Defiziten, wenn man ihn in die Bereiche der Wirtschaft und der Organisationen überträgt. Um zu zeigen, wie dieser Ansatz mit weiteren Überlegungen zusammengeführt und in ein umfänglicheres Konzept integriert werden kann, ist es sinnvoll, (etwas pauschal und in gebotener Kürze) die verschiedenen „Begründungsfamilien“ der Institution des Eigentums anzuschauen.

2.2.1 Die spekulative Begründung

In dieser Kategorie möchte ich alle Begründungen zusammenfassen, die die Institution des Eigentums und die Geltung von Eigentumsrechten vor-positiv oder über-positiv verankern, sei es in der göttlichen Ordnung, sei es in Gegebenheiten einer normativ verstandenen Natur. Hierher gehört auch die Rede vom angeborenen Recht auf Eigentumserwerb. Diese Begründungsfamilie hat das abendländische Eigentumsverständnis und die Eigentumsordnung nachhaltig geprägt. Im Kern trifft sich diese Begründungsfamilie mit dem naturrechtlichen Verständnis der Menschenrechte. Daher kommt es auch, dass das Recht auf Eigentum, wie oben gesehen, bereits in den frühen Menschenrechtstexten vorkommt und noch in der Allgemeinen Erklärung der Menschenrechte der UNO aus dem Jahr 1948 in Art. 17 festgeschrieben ist sowie in Art. 1 des Zusatzprotokolls zur Konvention zum Schutze der Menschenrechte und Grundfreiheiten des Europarats aus dem Jahr 1952.
Zu dieser Begründungsfamilie gehört auch die Eigentumslehre des Thomas von Aquin (die sich seit der ersten Sozialenzyklika „Rerum novarum“ von Papst Leo XIII. (1891) in den Sozialenzykliken der Päpste wiederfindet), die die Institution des Eigentums verteidigt, das Eigentum aber zugleich sozialpflichtig macht. Dieser Gedanke hat sich durchgetragen bis in die Ausgestaltung des Art. 14 des deutschen Grundgesetzes, in dem es heißt: „(1) Das Eigentum und das Erbrecht werden gewährleistet. [...] (2) Eigentum verpflichtet. Sein Gebrauch soll zugleich dem Wohle der Allgemeinheit dienen. (3) Eine Enteignung ist nur zum Wohle der Allgemeinheit zulässig. [...]“
Dieser Ansatz ist in menschenrechtlicher Hinsicht sehr bedeutsam, aber zum Zwecke einer Wirtschafts- wie auch

einer Organisationsethik besitzt er nur eine begrenzte Regelungskapazität.

2.2.2 Die liberale (individualethische) Begründung

Die naturrechtliche Eigentumslehre, die Eingang in die bedeutenden Menschenrechtskataloge gefunden hat, lässt sich auch über einen deontischen Moralansatz herleiten. Der Kern der Begründung liegt dann im Aufweis, dass eine selbstbestimmte Lebensführung nur dann möglich ist, wenn das Individuum über ein Mindestmaß an Gütern frei verfügen kann, nicht nur zum Zwecke des Konsums, sondern auch als Investitionsgut. Zur Illustration dieses Ansatzes kann man auf einen Vorschlag des peruanischen Ökonomen Hernando de Soto verweisen, der die These aufstellt, die armen Länder bedürften keiner finanziellen Zuwendungen von außen, auch keiner staatlich verordneten Vermögensumverteilung, sondern einer Rechtsreform, die es der armen Bevölkerungsmehrheit erlaubte, ihre gegenwärtigen Besitzpositionen in vollwertiges und rechtlich anerkanntes Eigentum umzuwandeln (vgl. Beermann 2006). So kann z. B. ein Slumbewohner, der auf wenigen Quadratmetern seine bescheidene Hütte aufgebaut hat, dieses Fleckchen Erde gegenüber einer Bank nicht als Sicherheit für einen Kredit anbieten, der es ihm erlaubte, Investitionen zu tätigen, deren Ertrag seinen Lebensunterhalt sichern könnte, denn dieses Land ist nicht sein Eigentum. Deshalb hat er auch keine Sicherheit, auf diesem Land bleiben zu können. Würde sein winzig kleiner Landbesitz zu seinem rechtlich gesicherten Eigentum umgewandelt, dann könnte der Eigentümer mit diesem Eigentum einen Mehrwert erzielen, der ihm und seiner Familie eine Lebensführung oberhalb der absoluten Armut gestattete. Hier wird im Umkehrschluss deutlich, dass die Wegnahme von Eigentum wie auch das Vorenthalten von Eigentumserwerb sich tödlich auswirken kann.

Organisationsethisch ergeben sich hieraus mindestens zwei Konsequenzen: (1) In der Regel können Organisationen nur dann dauerhaft erfolgreich autopoietisch operieren, wenn sie auch über einen Mindestbestand einschlägigen Eigentums verfügen dürfen. (2) Personen, die im

Dienste von Organisationen arbeiten, müssen – wegen des leitenden deontischen Moralprinzips der selbstbestimmten Lebensführung – eine Entlohnung erhalten, die es ihnen erlaubt, Eigentum zu erwerben, weil nur dann eine selbstbestimmte Lebensführung und eine positive Nutzung der eigenen Freiheitsblase möglich ist. Hier deuten sich das Problem der Lohngerechtigkeit an und das der Frage nach der Wertschätzung der Arbeit im Vergleich mit dem Kapital.

2.2.3 Die ökonomische (sozialethische) Begründung

Die ökonomische Begründung der Institution des Eigentums legt das institutionen-ökonomische „Rational-Choise-Modell" zugrunde. Dieses Modell geht davon aus, dass Menschen – mit statistischer Wahrscheinlichkeit – bei ihren Entscheidungen und Handlungen eine rationale Wahl in Orientierung an ihrem „Wertekatalog" treffen. (Dabei können durchaus altruistische Werte im Katalog oben stehen und die Wahl bestimmen.) Dieses – statistische – Verhalten führt regelmäßig zu Dilemma-Situationen, in denen die Summe der individuellen rationalen Wahlen zu einem für alle suboptimalen Ergebnis führt. Ein Beispiel zur Illustration: Bis vor einigen Jahren wurde im deutschen Gesundheitswesen der *moral hazard*, also die rechtlich nicht zu beanstandende Ausbeutung des Systems, durch die einschlägigen Regelungen gefördert. Für die Patienten war es rational, zu versuchen, durch Leistungen der Krankenkasse nach Möglichkeit den Betrag wiederzubekommen, den man als Beitrag eingezahlt hatte, vielleicht sogar noch etwas mehr. Die Ärzte waren daran interessiert, ihre Patienten zu behalten. Also verschrieben sie was von den Patienten gewünscht wurde. Dass dies in einem Solidarsystem nicht funktionieren kann, leuchtet ohne weiteres ein. Das individuelle rationale Verhalten führte zu ständigen Beitragssteigerungen und somit zum allseitigen Nachteil. Wer freiwillig auf diesen *moral hazard* verzichtete, hatte dennoch die Beitragssteigerungen mitzutragen. Also war es individuell rational, das System legal auszubeuten, weil man sich nur dadurch gegen Ausbeutung durch die anderen Mitspieler wehren konnte, dass

man selbst möglichst viel aus dem Topf herausholte. Das Ergebnis war die Kostenexplosion im Gesundheitswesen.
Eine solche Ausbeutung findet überall dort statt, wo ein Kollektiv von Akteuren über eine gemeinsame Ressource verfügt. Es ist klüger, kurzfristig egoistisch zu handeln und nicht darauf zu bauen, dass andere sich altruistisch verhalten, weil man sonst in eine nachteilige Position gerät. Das Resultat ist regelmäßig ein suboptimales oder gar kontraproduktives.
Weil dieser Effekt tendenziell bei allen gemeinsam genutzten Gütern auftritt („Volkseigentum" gehört praktisch niemandem und wird deshalb von allen ausgebeutet – mit dem bekannten Ergebnis), ist eine Regelung zu ausschließlichen Verfügungsrechten – und damit einschlussweise zu Eigentumsrechten – letztlich für alle vorteilhaft. Ohne geklärte Eigentumsverhältnisse ist es nicht möglich, für alle fruchtbar zu wirtschaften. Die Institution des Eigentums beschreibt Verfügungsrechte. Nur wenn diese geklärt sind, sind negative Dilemmata zu vermeiden. Nur verlässliche Eigentumsrechte im umfassenden Sinne der „property rights" erlauben Investitionen (man denke etwa an das Patentrecht). „Die grundlegende Auswirkung des Privateigentums liegt in seiner Ausschlusswirkung; der Eigentümer darf – in Grenzen – mit seinem Eigentum tun, was er will, andere dürfen das nicht bzw. nur mit seiner Erlaubnis. Wegen dieser Ausschlusswirkung kann der Eigentümer damit rechnen, die Früchte seiner investiven Verwendung des Eigentums auch selbst zu ernten" (Suchanek 2001, 64). Und diese sind – unter geeigneten Bedingungen – gemeinwohldienlich. Allerdings folgt aus dem deontischen Grundprinzip, dass das Reglement den Vorteil aller im Blick haben muss, etwa durch die (abgestufte) Sozialbindung des Eigentums (GG Art. 14) oder durch das Verbot marktbeherrschender Stellungen, was die Macht von Organisationen begrenzen soll.
Auch Tauschverhältnisse können nur dann stattfinden, wenn es geklärte Eigentumsrechte gibt, die auch die Verfügungsrechte bestimmen. Ansonsten würde eine Tauschsituation durch große Unsicherheiten belastet und möglicherweise scheitern. Das aber bedeutet, dass das grundlegende Element des Marktes nicht der Tausch ist, sondern

die Regelung von Eigentums- und Nutzungsrechten. Das diesbezügliche Rechtssystem garantiert erst, dass ein Transfer freiwillig erfolgt und damit der Transfer als Tausch vollzogen wird und nicht mit Gewalt. Es ist nun in jedermanns Interesse, dass die Gesellschaft nicht durch Gewalttat bestimmt wird, sondern durch geregelte Verhältnisse, die unparteilich konzipiert sind. Deshalb ist es ist in jedermanns Interesse, dass es Marktverhältnisse gibt. Damit ist freilich über die konkrete Ausgestaltung der Eigentumsrechte und Eigentumsverhältnisse noch nichts ausgesagt. Diese muss auf alle Fälle gemeinwohldienlich sein (also anders als z. B. James Buchanan sich das vorstellt). Der Markt könne von sich aus nicht „wissen", wofür er effizient sein soll, meint Peter Ulrich (Ulrich 2005, 30f.). Deshalb müssen die Marktbedingungen und die Regelung von Verfügungsrechten in einem diskursiven Verfahren festgelegt werden, das die Umsetzung der Prinzipien einer deontischen Ethik garantieren kann. Unter diesen Bedingungen ist Marktwirtschaft in ihrem Kern nicht unmoralisch. Sie respektiert die Leistung der Akteure und sichert Eigentumsverhältnisse. Darüber hinaus führt sie tendenziell zu Wohlstand. (Zu einem hohen Pro-Kopf-Einkommen, zu einem hohen allgemeinen Versorgungsgrad, zu Produktivitätssteigerungen, zum optimalen Einsatz der Produktionsfaktoren und zu einer hohen Innovationsleistung.) Wichtig ist eine hinreichende und gerechte Ordnung der Wirtschaft und der Regelung der Verfügungs- und darin eingeschlossen der Eigentumsrechte. Eigentumsfragen, wie sie hier verstanden werden, erschöpfen sich also nicht in dem, was in den §§ 903-1011 BGB und den §§ 242-248c StGB behandelt wird, weil zu den Eigentumsrechten auch Verfügungsrechte anderer Art gehören wie beispielsweise Patentrechte oder auch Beteiligungsrechte (etwa Mitbestimmung- und Wahlrechte).

> Für systemisches Operieren wie für eine individuelle selbstbestimmte Lebensführung sind Verfügungsrechte unabdingbar und damit auch Eigentum.
> Organisationsethische Konsequenzen: (1) In der Regel können Organisationen nur dann dauerhaft erfolgreich operieren, wenn sie auch über einen Min-

destbestand an Eigentum verfügen dürfen. (2) Personen, die im Dienste von Organisationen arbeiten, müssen (zusätzlich zu deontisch geeigneten Arbeitsbedingungen und Arbeitsanreizen) eine Entlohnung erhalten, die es ihnen erlaubt, Eigentum zu erwerben (zur Sicherung der selbstbestimmten Lebensführung und zur Teilnahme an sozialen Gestaltungsprozessen).
Die Institution des Privateigentums begünstigt (wegen seiner Ausschlusswirkung) Wertschöpfung und Wohlstandsschaffung.
Aus gerechtigkeitstheoretischen Gründen ist eine (abgestufte) Sozialbindung des Eigentums zu fordern.
Fragen der (gerechten) Eigentumsordnung und Eigentumsverteilung sind eigens zu erörtern.

3. Die Bedeutung des Eigentums

Sowohl die positive Freiheit als auch die Verfügung über Eigentum ist nötig, damit Menschen ihr Leben handelnd führen können. Auch wenn Eigentum hierbei in einem umfassenden Sinn verstanden wird, ist doch auch die Verfügung über verpfändbare Sachen unabdingbar. Nur über diese „Eigentumsprämie" ist an Kredit zu kommen, der es ermöglicht, kreative Ideen in innovative Konzepte umzusetzen. Darauf hat de Soto hingewiesen, und auf diese Funktion des Eigentums gründet sich die moderne Wirtschaft, wie Heinsohn und Steiger betonen. „Die ökonomische Qualität des Eigentums besteht in seiner Prämie, die sich in seiner Belastbarkeit in der Geldbeschaffung und seiner Verpfändbarkeit durch einen Schuldner manifestiert" (Heinsohn/Steiger 2002, 87). Diese Eigenschaft ist dem Besitz nicht zu eigen. „Das Wirtschaften entsteht vielmehr aus der absoluten Dispositionsfreiheit des Eigentümers, die zwar kein Recht auf Missbrauch einschließt, ihn aber nicht auf Besitz und die damit verbundenen materiellen Nutzungsrechte beschränkt" (Heinsohn/Steiger 2002, 139).
Eigentum ist aber auch ein Gut, das gesellschaftliche Mitgestaltung erlaubt.

Diese zentrale Bedeutung des sächlichen Eigentums bringt Gerechtigkeitsfragen hinsichtlich der Eigentumsverteilung ins Spiel. Das ist einer der Gründe, die Papst Johannes Paul II. zu der Forderung bewogen haben, das Produktionsgut Arbeit den anderen Produktionsgütern bei der Zuteilung der Erträge gleichzustellen. Denn dann würden auch diejenigen, die das Produktionsgut Arbeit bereitstellen, in die Lage versetzt werden können, ihr Leben und ihre Kreativität anders zu ihrer selbstbestimmten Lebensführung nutzen zu können als nur durch den Beitrag ihrer Arbeit. Wenn die Sicherung der Freiheit und der selbstbestimmten Lebensführung die Grundaufgabe des Staates ist, dann gehört auch – anders als etwa von Friedrich August von Hayek und von James Buchanan vertreten – die Umsetzung der distributiven Gerechtigkeit zu den Aufgaben des Staates.

Hier wird deutlich, dass sich die Funktionen des Eigentums als Sicherung individueller Freiheit und als Grundgut einer Marktwirtschaft nicht aus-, sondern einschließen. Die Möglichkeit des Eigentumserwerbs dient nicht nur der selbstbestimmten Lebensführung, sondern bringt auch Mitgestaltungsmöglichkeiten mit sich. (Diese Doppelbedeutung des Eigentums hat immer wieder Konzepte zur Vermehrung des Produktivvermögens in Arbeitnehmerhand entstehen lassen.)

Für die Gesellschaft bedeutet dies, dass eine – gerechte – Eigentumsordnung und – gerechte – Eigentumsstrukturen und -verhältnisse sowie klare Verfügungsrechte sinnvoll sind.

Für eine Organisationsethik bedeutet diese Einsicht, dass die Verfügung über Eigentum für eine Organisation – auch für eine Non-Profit-Organisation – ein elementares Gut ist, um in einer Gesellschaft, in der Geld zum einzigen universalen symbolischen Kommunikationsmittel (im Sinne Luhmanns) geworden ist, wirksam tätig zu sein. Über Eigentum zu verfügen bedeutet also noch nicht, sein Herz an Dinge zu hängen, die vergehen (Mt 6,19; Lk 12,33). Eigentum als solches ist kein verwerflich' Ding. Es kommt darauf an, wie und wozu Eigentum eingesetzt wird.

Zugleich gilt es, mit den Menschen, die vom Operieren von Organisation betroffen sind (als Mitarbeiterinnen und Mitarbeiter oder in anderer Weise), so umzugehen, dass deren selbstbestimmte Lebensführung unterstützt und nicht gefährdet wird. Hinsichtlich der Entlohnung der Mitarbeiterinnen und Mitarbeiter gehört auch eine angemessene Vergütung dazu. Nicht ohne Grund gilt es als „himmelschreiende Sünde", dem Arbeiter seinen Lohn vorzuenthalten. Es ist alleine schon ein Gebot der organisationspsychologischen Klugheit, den Mitarbeiterinnen und Mitarbeitern eine gewisse Loyalität zur Organisation zu ermöglichen, weil die Effizienz des Organisationshandelns auch stark vom Verhalten der Organisationsmitglieder abhängt. Konkrete Fragen nach den Modalitäten des Eigentumserwerbs, gerechter Tausch- und Arbeitsverhältnisse etc. sind damit noch offen. Diese müssen diskursiv einer Antwort zugeführt werden. Es wird jedoch deutlich, dass das siebte Dekaloggebot einen sensiblen Bereich menschlicher Lebensführung anspricht, dessen sorgfältige Regelung nicht vernachlässigt werden darf.

> Freiheit und Eigentum sind – in je spezifischer Weise – elementare Existenzbedingungen für Individuen wie für Organisationen.
> Das deontische Konzept verlangt ein dementsprechendes Agieren bzw. Operieren von Individuen wie auch von Organisationen – und Rahmenordnungen, die dies ggf. durch geeignete Restriktionen evozieren und das deontische Konzept stützen.
> Die faktischen Verhältnisse, Regelungen und Modalitäten bleiben stets der ethischen Reflexion und ggf. der Korrektur unterworfen.

Literatur

Beermann, C.: Recht und Gerechtigkeit. Rechtliche Rahmenbedingungen und soziale Gerechtigkeit – zu den Thesen Hernando de Sotos aus juristischer Sicht, in: Jünemann, E. / Wertgen, W. (Hrsg.): Herausforderung Soziale Gerechtigkeit, S. 115-123, Paderborn, 2006.

Buhbe, M.: Ökonomische Analyse von Eigentumsrechten. Der Beitrag der economics of property rights zur Theorie der Institutionen, Frankfurt, 1980.

Deissler, A.: Ich bin dein Gott der dich befreit hat. Wege zur Meditation über das Zehngebot, Freiburg/Basel/Wien, 1975.

Dohmen, C.: Exodus 19-40 (Herders Theologischer Kommentar zum Alten Testament), Freiburg/Basel/Wien, 2004.

Heinsohn, G. / Steiger, O.: Eigentum, Zins und Geld. Ungelöste Rätsel der Wirtschaftswissenschaft, 2. Auflage, Marburg, 2002.

Heller, A. / Krobath, Th. (Hrsg.): OrganisationsEthik, Freiburg, 2003.

Homann, K. / Lütge, C.: Einführung in die Wirtschaftsethik, Münster, 2005.

Kieser, A. (Hrsg.): Organisationstheorien, 2. Auflage, Stuttgart/Berlin/Köln, 1995.

Leisinger, K. M.: Unternehmensethik, München, 1997.

Picot, A. / Dietl, H. / Franck, E.: Organisation. Eine ökonomische Perspektive, Stuttgart, 1997.

Schmidt, W. H. (in Zusammenarbeit mit H. Delkurt und A. Graupner): Die Zehn Gebote im Rahmen alttestamentlicher Ethik, Darmstadt, 1993.

Suchanek, A.: Ökonomische Ethik, Tübingen, 2001.

Ulrich, P.: Integrative Wirtschaftsethik. Grundlagen einer lebensdienlichen Ökonomie, 3. Auflage, Bern/Stuttgart/Wien, 2001.

Ulrich, P.: Zivilisierte Marktwirtschaft. Eine wirtschaftsethische Orientierung, Freiburg, 2005.

Weinert, A. B.: Lehrbuch der Organisationspsychologie, 2. Auflage, München/Weinheim, 1987.

Weise, P. u. a.: Neue Mikroökonomie, 2. Auflage, Heidelberg, 1991.

Wertgen, W.: Ist moralische Kompetenz lehrbar und lernbar?, in: Erwachsenenbildung 54 (2008) Heft 1, 12-17.

Albert Lenz

Das achte Gebot: Du sollst nicht falsches Zeugnis reden gegen deinen Nächsten

Wenn Israel zulässt, dass die Freiheit des Einzelnen gefährdet wird durch falsche Aussagen, die den anderen an Besitz, Leib und Leben gefährden, dann verspielt es damit seine Freiheit.

Es geht um den Freiheitsraum: Kommunikation

Das Recht und auch die Pflicht zur Kommunikation und Information sind zu achten. Verlässliche Strukturen, die Partizipation und Beteiligung sichern und eine Kultur, die die Transparenz von Entscheidungen fördert so wie Wissen weitergibt, wahrt somit eine Wahrhaftigkeit in der Kommunikation und Information die Verlässlichkeit und Vertrauen fördert.

Kommunikation in Organisationen

Eine Organisation ist ein ihrer Umwelt gegenüber offenes System, das langfristig besteht, spezifische Ziele verfolgt und sich aus Individuen bzw. Gruppen zusammensetzt, also ein soziales Gebilde darstellt. Es weist eine bestimmte Struktur auf, die meist durch Arbeitsteilung und eine Hierarchie von Verantwortung gekennzeichnet ist. Aufgabe der Führung ist es, durch Koordination von Aktivitäten und Ressourcen Menschen und Mittel in der Organisation so einzusetzen, dass sie optimal zum Erreichen des Organisationsziels beitragen. Zur Erfüllung bestimmter Teilziele werden zunehmend überschaubare Anzahlen von Personen zu Arbeitsgruppen zusammengeführt. Die Theorie der lernenden Organisation geht davon aus, dass die Mitglieder einer Organisation durch ihr Handeln dazu beitragen, organisationsspezifische Ziele zu verfolgen. In ihrem Bemühen zur Erreichung der angestrebten Ziele sind die Mitglieder unterschiedlich erfolgreich. Zu den wichtigen

Aufgaben einer Organisation gehört es daher, die Beziehung zwischen Ist- und Soll-Wert zu analysieren und gegebenenfalls Maßnahmen zur Beseitigung von Diskrepanzen zu ergreifen. Die Überwindung möglicher Diskrepanzen zwischen Ist- und Soll-Wert entspricht einem Prozess des organisationalen Lernens (Rosenstiel, 2003).
Das Erreichen bzw. Verfehlen der Organisationsziele hängt zum einem von „harten" Determinanten wie beispielsweise Organisationsstruktur, Art und Anzahl der Aufgaben, Technologie und physische Arbeitsumgebung ab. Zum anderen spielen im Zwischenmenschlichen liegende Einflussgrößen wie beispielsweise Interaktion und Kommunikation sowie Konfliktmanagement eine erhebliche Rolle. Entsprechend findet man ausführliche Diskussionen darüber, wie die verschiedenen psychologisch, organisationswissenschaftlich sowie technisch und physikalisch beschreibbaren Größen auf unterschiedliche Kriterien der Effektivität wirken. Im Folgenden sollen jedoch eine Konzentration auf die psychologische Sicht erfolgen und die zentralen zwischen menschlichen Einflussgrößen analysiert werden.

Kommunikationsmodelle

Angesichts des komplexen Zielsystems einer Organisation und der darin auffindbaren unterschiedlichen Sichtweisen und Interessenlagen wird Kommunikation zwischen den Mitgliedern zu einem wesentlichen Bestimmungsmerkmal der Arbeit. Kommunikation spielt in jeder sozialen Interaktion eine Rolle. Kommunikation ist ein Austausch von Informationen zwischen Menschen. Menschen geben sowohl verbal als auch nonverbal bewusst oder unbewusst weiter, was sie denken, meinen und fühlen.
An diesem Prozess sind folgende Komponenten beteiligt:

1. Wer (Sender)?
2. sagt was (Nachricht)?
3. zu wem (Empfänger)?
4. womit (Zeichensignal)?
5. durch welches Medium (Kanal)?

6. mit welcher Absicht (Intention) und
7. mit welchem Effekt (Reaktion des Empfängers)?

Das Ausbleiben einer Reaktion des Empfängers oder eine andere Reaktion als vom Sender intendiert kann auf verschiedenen Ursachen im Kommunikationsprozess beruhen. Eine Folge des Codierens und des Decodierens der Botschaft ist, dass die gesendete und die empfangene Botschaft sich häufig nicht voll entsprechen. So ist die Verarbeitung von Informationen von der Motivation des Empfängers, sich mit den Informationen auseinander zu setzen und seiner Fähigkeit die Informationen zu verstehen, abhängig. Auch Störungen oder Zeitdruck können dazu beitragen, dass die Motivation und die Fähigkeit, sich mit Informationen oder Argumenten zu beschäftigen, abnehmen. Es kann auch zu Störungen im Kommunikationsprozess kommen, da die Wahrnehmung der Information selektiv verzerrt ist.
Der Sender einer Botschaft kann zu einer effektiven Kommunikation beitragen, indem er

- auf Verständlichkeit achtet (z. B. durch kurze Sätze und die Verwendung bekannter Wörter),
- den richtigen Kommunikationskanal je nach Inhalt wählt (z. B. komplexe Sachverhalte schriftlich übermittelt und abstrakte Sachverhalte durch Beispiele erläutert) und
- wichtige Botschaften mehrfach codiert (z. B. durch Text und Bild) und redundant kommuniziert.

Kommunikation umfasst neben der verbalen Ebene auch die nonverbale Ebene. Zur Vermittlung von emotionalen Zuständen stehen folgende Kanäle zur Verfügung: Mimik und Gestik, Blickkontakt, Klang der Stimme, Körperhaltung und -bewegung, Verwendung von Berührung und räumliche Distanz. Die verbalen Informationen werden immer durch nonverbale Signale ergänzt oder unterstrichen, z. B. Worte zur Begrüßung werden mit einen Lächeln verbunden. Nonverbale Inhalte können auch in einem Widerspruch zur verbalen Information stehen, was typischerweise beim Ausdruck von Ironie der Fall ist. Darüber hinaus können nonverbale Inhalte auch ohne Ver-

bindung mit einer sprachlichen Information an einen Empfänger weitergegeben werden, wie z. B. bei Gesten. Nonverbale Inhalte, wie z. B. Gesten, können auch ohne Verbindung mit einer verbalen Information an einem Empfänger gesendet werden (Frindte, 2001).
Kommunikation umfasst aber mehr als den Fluss der Sachinformationen: sie kann als Austausch von Mitteilungen zwischen Individuen verstanden werden. Sie bezieht sich also nicht nur auf sachliche Fakten, sondern auch darauf, ob man den anderen mag oder nicht, ob man sich ihm öffnen möchte, ob das zwischenmenschliche Klima als gelöst oder gespannt erlebt wird. Watzlawick et al. (2000) haben den Blick gezielt auf die psychologischen Aspekte der Kommunikation gelenkt. Sie postulieren, dass sowohl Sender als Empfänger nicht immer interessiert bzw. in der Lage sind, eindeutige Botschaften zu übermitteln und zu verstehen. Es wurden Grundeigenschaften der Kommunikation formuliert, die im Bereich des Zwischenmenschlichen wirksam sind:

- *Axiom 1:* „Man kann nicht nicht kommunizieren“ (Watzlawick et al., 2000, S. 53). Damit kommt zum Ausdruck, dass jedes Verhalten in einer interpersonalen Situation Mitteilungscharakter hat. Auch Schweigen oder die Absicht des Senders, nicht kommunizieren zu wollen, haben eine Wirkung, die davon abhängig ist, wie der Empfänger diese Verhaltensweisen interpretiert und bewertet.

- *Axiom 2:* „Jede Kommunikation hat einen Inhalts- und einen Beziehungsaspekt, derart, dass letzterer den ersten bestimmt und daher eine Metakommunikation ist“ (Watzlawick et al., 2000, S. 56). Der Inhaltsaspekt besteht aus den Sachinformationen und der Beziehungsaspekt weist darauf hin, wie die Information aufzufassen ist. Das heißt, der Beziehungsaspekt zeigt, wie der Sender vom Empfänger verstanden werden möchte und wie er die Beziehung zwischen sich und dem Empfänger definiert. Die Beziehungsdefinition steht umso stärker im Hintergrund, je spontaner, positiver und gesünder die Beziehung zwischen Sender und Empfänger ist. Ist jedoch die Beziehung belastet bzw. konfliktbeladen und daher negativ gefärbt, wird die Sachauseinandersetzung durch die kontinuierliche Klärung der Beziehung gestört, bis zu dem Punkt, dass jede Information im Sinne der gestörten Beziehung (z.B. als Angriff oder Rechtfertigung) interpretiert wird. An dieser Stelle ist es erforderlich, die inhaltlich-sachliche Auseinandersetzung auszusetzen und die Beziehung zu klären. Das heißt, in eine Kommunikation über die Kommunikation einzutreten, die als Metakommunikation bezeichnet wird.

- *Axiom 3:* „Die Natur einer Beziehung ist durch die Interpunktion der Kommunikationsabläufe seitens der Partner bedingt (Watzlawick et al., 2000, S. 61). Kommunikation ist ein ununterbrochener Austausch von Mitteilungen und daher ein kreisförmiger Prozess, ohne Anfang und Ende. Jeder Teilnehmer legt der Kommunikation eine Struktur zu Grunde, was als Interpunktion von Ereignisfolgen bezeichnet werden kann. Das heißt, im subjektiven Erleben gliedern bzw. strukturieren die Personen die Kommunikation in der Annahme, es gäbe einen Anfang. Aus diesem Grund wird die ablaufende Interaktion in der Art interpretiert, dass das eigene Verhalten eine Reaktion auf das Verhalten der anderen Person darstellt. Watzlawick et al. verdeutlichen die Interpunktion der Kommunikationsabläufe mit folgendem Beispiel: Der Ehemann zeigt eine passiv-zurückgezogene Haltung, während seine Frau zu starken Nörgeln neigt. Betrachtet man das Verhalten des Ehepaars als Sequenz, fällt auf, dass sowohl der Mann als auch die Frau ihr eigenes Verhalten nur als Reaktion betrachten und jeweils den anderen als Ursache interpretieren. Gegenseitige Unstimmigkeiten bis hin zu Beschuldigungen sind die Folge und bewirken eine zunehmende Verschlechterung der Beziehung. Einen Ausweg bietet die Metakommunikation, indem ein Gespräch über die Definition der Beziehung geführt wird.

Schulz von Thun (1998) hat das Kommunikationsmodell von Watzlawick et al. erweitert und postuliert, dass jede Nachricht, die ein Sender einem Empfänger übermittelt, eine Einheit bestehend aus vier Botschaften gleichzeitig umfasst:

- Einen Sachinhalt: Worüber der Sender informiert.
- Eine Selbstoffenbarung: Was der Sender über sich übermittelt.
- Eine Beziehungsaussage: Was der Sender vom Empfänger hält und in welcher Beziehung er zu ihm steht.
- Einen Appell: Wozu der Sender den Empfänger veranlassen möchte.

Schulz von Thun betont, dass der Schwerpunkt der in der Nachricht enthalten ist, meistens auf einer oder zwei der vier Kommunikationsebenen liegt. Allerdings wird immer auch eine Aussage zu den anderen Aspekten an den Empfänger gesendet.
Beispiel:
„Verzeihen Sie mir mein Zu-spät-Kommen, der Direktor hat mich noch aufgehalten. Er hatte noch Wichtiges mit mir zu besprechen.“
Hierbei können die vier Seiten dieser Nachricht lauten:

1. Sachinhalt: Der Grund meiner Verspätung liegt in einem wichtigen Gespräch mit dem Direktor.
2. Selbstoffenbarung: Ich bin eine wichtige Person, da der Direktor persönlich mit mir spricht.
3. Beziehungsaussage: Wir sind nicht alle gleich, sondern es gibt ein hierarchisches Gefälle.
4. Appell: Bitte beachtet mich, ich bin besonders wichtig.

Dieses Nachrichtenquadrat gilt nicht nur für den Sender der Nachricht, sondern auch für den Empfänger. Wie der Empfänger die Nachricht des Senders interpretiert, hängt nach Schulz von Thun davon ab, welches der vier Ohren in der Situation dominant ist:

- das „Sachohr“,
- das „Selbstoffenbarungsohr“
- das „Beziehungsohr“ oder
- das „Appellohr“.

Je nachdem auf welchem Ohr die Nachricht des Senders interpretiert wird, wird der Empfänger sehr unterschiedlich reagieren. Zu Kommunikationsstörungen wird es dann kommen, wenn sich auf Seiten des Empfängers einseitige Empfangsgewohnheiten ausgebildet haben:

- bei einem großen „Sachohr“ wird versucht, einen Konflikt auf der Sachebene anstatt auf der Beziehungsebene auszutragen,
- bei einem großen „Beziehungsohr“ legt der Empfänger in beziehungsneutrale Nachrichten eine Stellungnahme zu seiner Person, das heißt er bezieht alles auf sich und nimmt alle Aussagen persönlich,
- ein großes „Selbstoffenbarungsohr“ kann zu einer Immunisierung des Empfängers führen und
- bei einem großen „Appellohr“ ist der Empfänger bemüht, allen Erwartungen zu entsprechen und verliert aus dem Auge, was er selbst will und fühlt.

> Effektive Kommunikation zeichnet sich dadurch aus, dass der Sender einer Botschaft auf Verständlichkeit achtet, den richtigen Kommunikationskanal je nach Inhalt wählt sowie wichtige Botschaften mehrfach codiert und redundant kommuniziert. Kommunikation über die Kommunikation, das heißt Metakommunikation bietet einen konstruktiven Weg aus Kommunikationsstörungen.

Kommunikationstraining

Die Kommunikation gilt als die zentrale Basis für das Funktionieren der Beziehungen in Familien, Gruppen und Organisationen. Eine ungünstige Kommunikation erweist sich umgekehrt als einer der bedeutendsten Prädiktoren für Spannungen, Stress und destruktiver Konflikte in sozialen Systemen. Entsprechend ist die Verbesserung der Kommunikation ein zentraler Ansatzpunkt nicht nur in der Familie oder in der Paarbeziehung, sondern auch in Organisationen. Unter Kommunikationstraining versteht man eine Intervention, die die Parteien in die Lage versetzt, konstruktiv und kongruent zu ihren Gefühlen und dem nonverbalen Verhalten miteinander zu sprechen (Frindte, 2001). Ziel ist das Überlernen von dysfunktionalen und problematischen Kommunikationsverhalten mit angemes-

senem Verhalten sowohl in der Rolle des Senders wie des Empfängers. Beide Rollen erfordern eine Grundhaltung des Interesses an den übrigen Beteiligten und der gegenseitigen Wertschätzung, Akzeptanz und Echtheit, die Fokussierung auf relevante Inhalte (Gefühle, Ansichten, Wünsche und Bedürfnisse), die Eingrenzung der Themen auf konkrete Situationen und eine Förderung des Aufeinanderbezogenseins. Um diese Bedingungen zu verwirklichen, werden Sender- und Empfänger-Regeln sowie eine starke Strukturiertheit des Gesprächsrahmens, das heißt genau definierte Rollen, feste Zeiten und eingegrenzte Themen vorgegeben, um eine offene, kongruente und positiv verlaufende Kommunikation zu ermöglichen.
Seitens des Senders werden geübt:

- „Ich-Gebrauch“ (persönliche, auf die eigene Person bezogene Äußerungen),
- die Eingrenzung des Themas unter Bezugnahme auf konkrete Situationen (Vermeidung von Verallgemeinerungen) und auf konkretes, eines bei der anderen Person störendes Verhalten (Vermeidung von Charakter- und Persönlichkeitszuschreibungen) sowie
- die Selbstöffnung (emotionale Kommunikation, Mitteilung von Gefühlen, Bedürfnissen, Wünschen und Erwartungen).

Seitens des Empfängers stehen im Mittelpunkt des Trainings:

- das aktive und interessierte Zuhören (physische Zugewandtheit, aktiver Blickkontakt, positives Feedback durch Nicken und Bestätigungslaute),
- das Zusammenfassen und Paraphrasieren wichtiger Äußerungen des Sprechers (Verstehen, was der Sprecher gesagt hat und seine wichtigen Botschaften nachvollziehen) sowie
- das offene und interessierte Nachfragen (ohne Interpretation und Versuche, den Sprecher durch die Fragen in die Enge zu treiben).

Durch die genaue Einhaltung der Regeln, die am besten in Rollenspielen eingeübt werden, sollen negative oder verletzende Äußerungen, wie beispielsweise beleidigende Ankla-

gen, Vorwürfe, defensives Verhalten, Rückzug, Bloßstellungen und Verantwortungsabschiebung verhindert werden. Damit soll eine Plattform der Begegnung geschaffen werden, die den Austausch wichtiger Inhalte und das Ausdrücken von positiven und negativen Gefühlen, von Kritik und Wünschen in einer wohlwollenden und angstfreien Atmosphäre ermöglicht. Durch eine schrittweise Vorgehensweise von leichteren, nicht konfliktträchtigen zu schwierigen und spannungsgeladenen Themenbereichen findet ein kontinuierlicher Lernprozess bei den Parteien statt, der zu einer allmählichen Stabilisierung der Kompetenzen führen soll. Das Kommunikationstraining sollte möglichst durch einen professionellen Trainer durchgeführt werden, der den Aufbau und die Etablierung eines angemessenen, offenen und konstruktiven Kommunikationsstils durch Einsatz von verschiedenen verhaltenstherapeutischen Techniken gezielt unterstützt.
Die auf den ersten Blick etwas technisch wirkenden Kommunikationsregeln und die hohe Strukturiertheit des Settings mit den klaren Rahmenbedingungen für das Erlernen der Kommunikationsfertigkeiten bilden einen geschützten Rahmen, der die Grundlage zum Austausch über wichtige Inhalte, Gefühle, Gedanken und Wünsche und den Aufbau einer neuen, tragfähigen Kommunikationskultur darstellt. Eine zentrale Rolle spielt hierbei die Vermittlung der oben genannten Kommunikationsregeln. Sie bieten gewissermaßen das Handwerkszeug für die Parteien, um ihre Probleme konstruktiv, autonom und selbstverantwortlich diskutieren und aktiv bewältigen zu können.

> Eine offene, kongruente und positiv verlaufende Kommunikation setzt auf Seiten des Senders den „Ich-Gebrauch", eine Eingrenzung des Themas unter Bezugnahme auf konkrete Situationen sowie die Mitteilung von Gefühlen, Bedürfnissen, Wünschen und Erwartungen voraus.
> Auf Seiten des Empfängers setzt eine offene, kongruente und positiv verlaufende Kommunikation ein aktives und interessiertes Zuhören, ein Zusammenfassen und Paraphrasieren wichtiger Äußerungen

des Sprechers sowie ein offene und interessiertes Nachfragen voraus.

Konflikt und Konfliktmanagement

Konflikte stellen eine menschliche Grunderfahrung dar. Sie sind weder aus den Rollen unseres Lebens noch aus den Beziehungen innerhalb und zwischen Gruppen, Organisationen und Systemen wegzudenken. Zu unterscheiden sind intrapersonale und interpersonale Konflikte, wobei sich das innere Konflikterleben und das äußere Konfliktverhalten sich wechselseitig beeinflussen (Glasl, 2004):

- Ein innerer Konflikt liegt vor, wenn eine Person mindestens zwei Tendenzen erlebt, die sie entweder gleichzeitig nicht realisieren kann oder für unvereinbar hält. Die Arbeit im Büro fertig zu stellen, schließt aus, gleichzeitig mit der Familie etwas zu unternehmen. Der Konflikt berührt das Ich der Person, das heißt sie fühlt sich persönlich betroffen. Die Antizipation der Folgen, wenn sie sich so oder anders entscheidet, macht die Person unsicher. Sie weiß nicht genau, was sie tun soll. Daraus resultiert ein Druck, diese Lage möglichst rasch zu beenden. Diese Situation wird als belastend empfunden. Die Person erlebt den Konflikt als unangenehm.
- Ein sozialer Konflikt liegt vor, wenn zwei Akteure, zwei Gruppen oder Organisationen durch gegensätzliche oder unvereinbare Handlungen einander behindern. Dabei macht stets die subjektive Seite der Parteien den Konflikt zum Konflikt. Die ineinander greifenden kognitiven, emotionalen und interaktiven Aktivitäten geben Konflikten eine dynamische, in aller Regel zyklische Form. Jeder Konflikt hinterlässt Folgen, die wiederum Teil des Konfliktpotenzials werden.

Jede Organisation stellt ein konfliktträchtiges Gebilde dar, das geistige Gehalte (Werte und Zweck), materielle Gegebenheiten (Ressourcen), soziale Normierungen (Aufgaben und Ziele) und menschliche Beziehungen (Kooperation und Konkurrenz) in ein System fasst. Das Konfliktpotenzial ist umso höher, je mehr die Parteien

- unvereinbare Ziele anstreben *(Bewertungskonflikt)*,
- gegensätzlich handeln, weil die Erfolgswahrscheinlichkeit eingeschätzt wird *(Beurteilungskonflikt)*,
- gegenseitig Achtung und Anerkennung verletzen *(Beziehungskonflikt)* sowie
- um knappe Ressourcen kämpfen, die nicht gleichmäßig verteilt werden können oder sollen *(Verteilungskonflikt)*.

Die Spannungsgeladenheit des Konfliktpotenzials löst vielfältige psychische und soziale Prozesse bei den Parteien aus: Sie sondieren die Optionen, schätzen Gewinn und Verlust ab, suchen nach den Absichten der Gegenseite, schätzen deren Glaubwürdigkeit ein, fühlen sich persönlich gefordert und/oder gekränkt. Die Parteien beschränken sich auf das Reagieren oder bevorzugen das Agieren. Das bedeutet, der Konflikt verlagert sich von der Situation in die Aktivitäten der Parteien, wobei Richtung und Ausmaß dieser Aktivitäten von der erlebten Intensität des Konflikts abhängen:

- Zu viel Konfliktspannung homogenisiert kognitive, emotionale und willentliche Prozesse zu undifferenziertem Verhalten: Es kommt zu einer Verengung in der Wahrnehmung und im Denken, die Neigung zu Entweder-oder-Lösungen nimmt zu, die Fähigkeit, sich in die Gegenseite einzufühlen und sie zu verstehen sinkt, die Neigung zu Gewalt und Kurzschlussreaktionen steigt, eingefahrene Handlungsmuster wiederholen sich mit steigender Heftigkeit.
- Zu wenig Konfliktspannung bewegt die Parteien nicht oder zu wenig. Divergenzen lassen sich auf diese Weise nicht genügend klären und schöpferisch nutzen sowie neue Formen der Zusammenarbeit nicht explorieren.

Kompetente Führung sucht daher eine optimale Konfliktspannung auszubalancieren. Entsprechend dem umgekehrt U-förmigen Zusammenhang zwischen Spannung und Leistung (Yerkes-Dodson-Gesetz) stimuliert eine kom-

petente Führung, wenn Spannung zu gering ist und reguliert sie, wenn sie zu hoch ist (Regnet, 2001).
Die Konfliktspannung drängt die Akteure zu spezifischen Lösungsversuchen. Als grundlegende Strategien mit Konflikten umzugehen gelten:

- Ausweichen,
- Nachgeben,
- Durchsetzen,
- Delegieren,
- Kompromiss und Integration.

Empirische Studien zeigen, dass eine Verknüpfung von Durchsetzen und Integration am wirksamsten Konflikte beendet. Damit ist gemeint, dass die Parteien zunächst Position beziehen, das heißt ihre Standpunkte und Sichtweisen klären sowie ihre Erwartungen und Ziele formulieren und danach Elemente für eine tragfähige Regelung explorieren. Die Abfolge Durchsetzen und Integration muss meist mehrmals durchlaufen werden, bis der Konflikt tatsächlich einen Abschluss findet. Integration ohne Selbstbehauptung reizt zum Ausnutzen, Durchsetzen ohne Integration endet entweder in einem Patt oder in einer Eskalation des Konfliktes.
Die Art und Weise wie der Konflikt ausgetragen wird, hinterlässt Folgen. Wenn der Streit beendet, die Atmosphäre gereinigt, die Kommunikation offen und jeder Akteur gefestigt ist, dann hat sich der Konflikt produktiv ausgewirkt. Wenn er hingegen die Energie von den Aufgaben absorbiert, die Zusammenarbeit gefährdet, das Klima vergiftet, die Kommunikation blockiert und die Akteure in die Regression treibt, dann sind destruktive Folgen eingetreten.
Die Aufforderung Konflikte als Chance zu begreifen, stellt nicht das Erleben der Akteure in den Vordergrund, die die Konflikte meist negativ assoziieren, sondern den Nutzen für die Organisation, um etwa neue Lösungen zu entwickeln oder den Teamgeist zu stärken. Der Nutzen für die Organisation stellt sich aber nur dann ein, wenn die Akteure über eine gewisse Konfliktfähigkeit, das heißt über die Fähigkeit Spannungen auszuhalten sowie Emotionen zu versachlichen und auf der Verfahrensebene zu agieren, verfügen.

> Konflikte stellen eine menschliche Grunderfahrung dar. Sie sind weder aus den Rollen unseres Lebens noch aus den Beziehungen innerhalb und zwischen Gruppen, Organisationen und Systemen wegzudenken.
> Zu viel Konfliktspannung homogenisiert kognitive, emotionale und willentliche Prozesse zu undifferenziertem Verhalten. Zu wenig Konfliktspannung bewegt die Parteien nicht oder zu wenig. Eine kompetente Führung sucht daher eine optimale Konfliktspannung auszubalancieren.
> Der Nutzen für die Organisation stellt sich aber nur dann ein, wenn die Akteure über eine gewisse Konfliktfähigkeit, das heißt über die Fähigkeit Spannungen auszuhalten sowie Emotionen zu versachlichen und auf der Verfahrensebene zu agieren, verfügen.

Konfliktmanagement

Konfliktmanagement umfasst alle Ansätze, Konflikte so zu meistern, dass die Akteure wieder zielbezogen handeln und authentisch erleben können, dass die im Konflikt verdichtete Energie produktiv der Zusammenarbeit zu Gute kommt, sie zumindest nicht untergräbt oder verhindert. Dies gelingt nur selten, indem Konflikte gelöst, sondern geregelt werden. In Organisationen sind vor allem interpersonelle und formelle Ansätze des Konfliktmanagement bedeutsam (Berkel, 2005).

Interpersonelles Konfliktmanagement

Wenn Akteure beabsichtigen, ihren Konflikt direkt miteinander zu regeln, kann das nur über einen Aushandlungsprozess geschehen. Unter Verhandeln versteht man den gemeinsamen Versuch von Parteien, in einem Prozess der gegenseitigen Beeinflussung zu einer gemeinsamen Neubewertung strittiger Sachverhalte, Interessen oder Güter zu gelangen Dafür sind zum einen die oben genannten Kommunikationsregeln hilfreich (Redlich, 1997). Es geht dabei aber nicht nur darum, Missverständnisse aufzuklären und Emotionen anzusprechen, sondern auch Vereinbarungen zu treffen, die den Anliegen beider Seiten Rechnung tragen. Folgende Verhandlungsergebnisse möglich sind:

- Es kommt zu keiner Einigung.
- Entweder die eine oder die andere Partei setzt sich durch.
- Es wird ein Kompromiss erzielt.
- Es wird eine integrative Lösung erzielt: beide Parteien machen bei denjenigen Verhandlungsgegenständen Zugeständnisse, die ihnen selbst von geringem Nutzen, für die andere Partei aber gleichzeitig von hohem Nutzen sind. Beide Parteien ziehen damit einen höheren Nutzen aus dem Verhandlungsergebnis, als es ein einfacher Kompromiss zulassen würde. Man spricht bei solchen Ergebnissen auch von Win-win-Lösungen.

Bei Verhandlungen spielt Vertrauen eine zentrale Rolle. Es fördert das Zustandekommen von integrativen Verhandlungsergebnissen, erleichtert den Austausch von Informationen zwischen den Parteien und führt zu kooperativem Verhalten, auch hinsichtlich der Wahl von Verhandlungsstrategien. Zwischen Vertrauen und Kooperation besteht eine zirkuläre Beziehung. Gelingt es, Vertrauen herzustellen, zieht dies kooperatives Verhalten des Verhandlungspartners nach sich, was wiederum weiteres Vertrauen induziert. Damit Vertrauen geschaffen wird, sollten Handlungen nicht an Bedingungen geknüpft sein. Der Vertrauensaufbau wird unterstützt, wenn im Vorfeld angekündigte Initiativen auch umgesetzt werden.
Das Verhalten darf den Verhandlungspartner auch nicht zu sehr einengen, sonst entsteht Reaktanz. Dem Gegenüber sollten vielmehr verschiedene Optionen zur Auswahl angeboten werden. Umgekehrt bedeutet dies auch, dass man sich selbst Freiräume lassen sollte, um optimal verhandeln zu können.
Es ist auch hilfreich, vor der Verhandlung zu reflektieren, wie der Ablehnungs- und Akzeptanzbereich des Gegenübers aussieht. Fordert man im Gespräch eine Position, die im Ablehnungsbereich der anderen Partei liegt, so wird

die Forderung kaum auf Zustimmung stoßen. Bestmöglich kann immer in genauer Kenntnis des Wertes- und Interessensystems der anderen Person argumentiert werden. Unter Umständen kann man mit der so genannten „Fuß-in-die-Tür“-Strategie den Ablehnungs- bzw. Tabubereich etwas verkleinern bzw. den Akzeptanzbereich vergrößern. Darüber hinaus hat die Fairness eine große Bedeutung in den Verhandlungen. Dabei sollte zwischen Ergebnisfairness, prozeduraler Fairness und interaktionaler Fairness unterschieden werden. Ziel muss es sein, dass auch die Partei mit dem Ergebnis der Verhandlung zufrieden sein kann. Dies gilt umso mehr, wenn sie das Ergebnis anschließend anderen Personen in ihrem Netzwerk bzw. in der Organisation vermitteln muss. Ergebnisfairness ist nicht immer einfach zu erreichen. Deshalb sind eine prozedurale und eine interaktionale Fairness umso wichtiger. Das heißt, dass der Entscheidungsprozess transparent gemacht werden und der Stil der Auseinandersetzung in Form stattfinden sollte, der geprägt ist von gleicher Augenhöhe in der Kommunikation und von Wertschätzung (Fisher et al., 2002).

> Wenn Akteure beabsichtigen, ihren Konflikt direkt miteinander zu regeln, kann das nur über einen Aushandlungsprozess geschehen.
> Bei Verhandlungen spielt Vertrauen und Fairness eine zentrale Rolle. Sie fördern das Zustandekommen von integrativen Verhandlungsergebnissen, erleichtern den Austausch von Informationen zwischen den Parteien und führen zu kooperativem Verhalten, auch hinsichtlich der Wahl von Verhandlungsstrategien.

Formelles Konfliktmanagement

Wenn der Konflikt so eskaliert, dass die Akteure ihn aus eigener Kraft nicht mehr regeln können und/oder eine ganze Abteilung bzw. die ganze Organisation tangiert, ist eine dritte Partei als Schiedsrichter, Schlichter oder Vermittler notwendig. Dieses Verfahren wird als Mediation bezeichnet (Montada & Kals, 2001). Mediation ist eine Methode des sozialen Verhandelns, die der Beilegung von Streit und der kooperativen Lösung von Konflikten dient. Sie stützt sich auf das in hoch entwickelten Kulturen weit verbreitete Prinzip, konfligierende Interessen auf konsensuale Art und Weise zu lösen und zielt besonders auf langfristige Wirkungen. Ausgehend von der Achtung der Person der Streitenden soll eine Lösung entwickelt werden, die die Interessen aller Beteiligten berücksichtigt und auf die Übernahme von Verantwortung und Selbstbestimmung abzielt. Zentrales Ziel der Mediation ist es, nicht ein Gewinner-Verlierer-System durchzusetzen, sondern einen Gewinner-Gewinner-Ansatz zu realisieren. Dazu ist es notwendig, den Konflikt nicht nur in seiner Oberflächenstruktur, sondern auch in seiner Tiefenstruktur zu verstehen und spezifische Interessen und Anliegen der Konfliktparteien sichtbar zu machen und zu vermitteln. Durch die Einbeziehung der Tiefenstruktur wird versucht, die Konfliktlösung auf eine solide und tragfähige Basis zu stellen und zugleich Kommunikationsstrukturen zu etablieren, die eine selbstständige und erfolgreiche Bearbeitung zukünftiger Konflikte ermöglichen. Mediation beruht ganz wesentlich auf den Prinzipien der Eigenverantwortlichkeit und der Autonomie der beteiligten Konfliktparteien. Voraussetzungen für eine konstruktive Konfliktlösung ist die Achtung und Bestätigung der Beteiligten. Der Mediator drückt diese Haltung dadurch aus, dass er aktiv zuhört, alles zur Sprache kommen lässt und nichts bewertet oder verurteilt. Er nimmt Gefühle, Widerstände, Einstellungen und Interessen ernst, auch wenn er sie nicht unbedingt teilt. Der Mediator sorgt dafür, dass die Kontrahenten ihre Sicht der Dinge und ihre Meinungen vorwurfsfrei und umfassend darlegen können, so dass für alle ein genaues und detailliertes Gesamtbild der Situation entsteht. Auf Seiten der Beteiligten setzt Mediation eine Bereitschaft zur Kommunikation und Kooperation voraus. Dadurch eröffnen sich Möglichkeiten, Kompromisse und kreative neue Lösungen, die allen nutzen, zu finden. Dazu muss der Konflikt in positiver Weise umdefiniert und als „gemeinsames Problem“ begriffen werden.

Gerechtigkeit stellt ein weiteres wichtiges Prinzip im Mediationsprozess dar. Fragen der Gerechtigkeit spielen sowohl bei der Auslösung von Konflikten als auch bei der Konfliktlösung eine entscheidende Rolle. So beeinflusst das Gerechtigkeitserleben die Eskalation bzw. Deeskalation von Situationen, aber auch die Akzeptanz von Lösungen. Untersuchungen zeigen, dass die Akzeptanz von Entscheidungen bei Konflikten nicht nur vom Ergebnis abhängt, sondern in noch stärkerem Maße davon, wie fair und gerecht das Zustandekommen dieser Entscheidung erlebt wird (Dieter et al., 2000).

Ein Konfliktgeschehen geht in aller Regel mit einem starken emotionalen Erleben einher. Sie zu ignorieren, würde eine Lösungsfindung erschweren. In der Mediation haben daher Gefühle ihren Platz, im Gegenteil, die Beteiligten werden sogar ermutigt sie auszudrücken, ohne jedoch andere zu verletzen. Emotionen sind nicht nur von großer Bedeutung für die Entwicklung und den Verlauf von Konflikten, sondern spielen auch eine wichtige Rolle bei der Suche nach konstruktiven Lösungen. Das Verstehen und die Förderung emotionaler Prozesse stellt eine besondere Herausforderung in der Mediationspraxis dar. Dies kann nur gelingen, wenn neben der Zukunftsperspektive auch das Zustandekommen der aktuellen Konfliktsituation reflektiert und somit der Blick immer wieder auf die Vorgeschichte gerichtet wird.

Eine weitere Herausforderung stellt das Gebot der Neutralität, aber auch der Freiheit zur Allparteilichkeit dar, die es dem Mediator erlaubt, Machtgefälle zwischen den Konfliktbeteiligten auszugleichen. Diese Herausforderung stellt sich besonders dann, wenn Kinder in den Mediationsprozess einbezogen werden. Als unparteiischer Dritter schafft der Mediator in aller Regel eine Ausgangsposition, in der sich die Konfliktparteien eher kontrolliert verhalten. Emotionale Attacken unterbleiben bzw. können frühzeitig, bevor sie nur noch verletzend wirken und in der Folge Verteidigung oder Gegenangriff auslösen, unterbrochen werden. Mit Hilfe gezielter Gesprächstechniken werden Rückfälle in destruktives Verhalten verhindert und die Beteiligten immer wieder auf die Pfade der konstruktiven Konfliktaustragung zurückführt.

Wenn der Konflikt so eskaliert, dass die Akteure ihn aus eigener Kraft nicht mehr regeln können und/ oder eine ganze Abteilung bzw. die ganze Organisation tangiert ist, ist eine dritte Partei als Schiedsrichter oder Vermittler notwendig.

Literatur

Berkel, K.: Konflikttraining. Konflikte verstehen, analysieren, bewältigen, 8. Aufl., Heidelberg, 2005.
Dieter, A., Montada, L. & Schulze, A. (Hrsg.): Gerechtigkeit im Konfliktmanagement und in der Mediation, Frankfurt a. M., 2000.
Fisher, R., Ury, W. & Patton, B.: Das Harvard-Konzept. Sachgerecht verhandeln – erfolgreich verhandeln, 21. Aufl., Frankfurt a. M., 2002.
Frindte, W.: Einführung in die Kommunikationspsychologie, Weinheim, 2001.
Glasl, F.: Konfliktmanagement. Ein Handbuch zur Diagnose und Behandlung von Konflikten für Organisationen und ihre Berater, 7. überarb. Aufl., Bern, Stuttgart, 2004.
Montada. L. & Kals, E.: Mediation: Lehrbuch für Psychologen und Juristen, Weinheim, 2001.
Redlich, A.: Konflikt-Moderation. Handlungsstrategien für alle, die mit Gruppen arbeiten, Hamburg, 1997.
Regnet, E.: Konflikte in Organisationen. Formen, Funktion und Bewältigung, 2., überarb. Aufl., Göttingen, 2001.
Rosenstiel, L. v.: Grundlagen der Organisationspsychologie, 5. Aufl., Stuttgart, 2003.
Schulz von Thun, F.: Miteinander reden. Band 1: Störungen und Klärungen, Reinbek, 1998.
Schulz von Thun, F.: Miteinander reden. Band 2: Stile, Werte und Persönlichkeitsentwicklungen, Reinbek, 1998.
Watzlawick, P., Beavin, J. H. & Jackson, D. D.: Menschliche Kommunikation, 10., unveränd. Aufl., Bern, 2000.

Gerhard Kilz

Das neunte Gebot: Du sollst nicht nach dem Haus deines Nächsten verlangen

Der soziale Raum, die soziale Gemeinschaft ist eine Lebensgrundlage. Wenn Israel zulässt, dass der verletzt wird, verliert es seine Freiheit.

Es geht um den Freiheitsraum: Soziale Gemeinschaft.

Das „ganze Haus", d.h. die Organisationen und ihr soziales Umfeld sind immer Machenschaften ausgesetzt, die belastend und zerstörend wirken. Regeln und Routinen in den Organisationen müssen davor sichern. Es müssen Strukturen gefunden werden, die es möglich machen, politische und wirtschaftliche (oft rechtlich legitimierte) Zugriffe auf die Lebensgrundlagen der Organisationen zu verhindern. Durch Einsatz oder Verweigerung. Je nachdem.

Zur Implementierung in organisationsinterne Entscheidungsprämissen

Das neunte Gebot enthält in seiner inhaltlichen Bedeutung zunächst den allgemeinen Hinweis auf eine Beschränkung individueller Handlungsspielräume von Einzelpersonen wie auch von Organisationen. Wirtschaftliches wie sonstiges soziales Verhalten steht unter der Prämisse der Respektierung der basalen Existenzbedingungen des Gegenübers. Das 9. Gebot markiert damit deutlich eine Grenze der tatsächlichen Freiheitsausübung. Danach ist die Verfolgung von subjektiven Interessen nur bis zu dem Bereich legitim, wie hierdurch nicht die Freiheitssphäre von anderen in ihrer Grundlage eliminiert wird. Auf diese Weise soll systemtheoretisch ausgedrückt, eine Totalexklusion von Personen oder Organisationen aus den gesellschaftlichen Funktionssystemen sowie die damit einhergehende Folgeproblematik verhindert werden. Diese wechsel-

seitige Respektierung der Freiheitssphären verbunden mit einem Verzicht auf rechtlich zulässige und wirtschaftlich sinnvolle Maßnahmen markiert eine wesentliche Sollbruchstelle in der Expansion der ökonomischen Logik: Diese wird als solche selbst nicht infrage gestellt sondern in dem Punkt limitiert, wo die sie zur Komplettbeseitigung von Partizipation führen kann. Gerade bei der Verfolgung wirtschaftlicher Ziele im Wettbewerb bedeutet dies, dass trotz bestehender Interessendivergenzen und Konkurrenzlagen bewusst auf ein Verhalten verzichtet wird, dass die notwendigen Existenzbedingungen anderer erodiert. Diese durch das 9. Gebot eindeutig definierte Stopp-Markierung liefert somit eine wesentliche Orientierung für die Folgebewertung von geplanten oder zu treffenden Entscheidungen. Die Respektierung der Ressourcenausstattung anderer Akteure und damit der Ausschluss von gezielten Absorptionsstrategien mindert das individuelle Risiko einer Totalexklusion in dem Maße, wie die gesellschaftliche Akzeptanztiefe und Verbreitung dieses ethischen Standpunktes steigt.
Welche Güter oder Ausstattungen werden nun durch das 9. Gebot konkret geschützt. Unter *Haus des anderen* können zunächst die eher primär wirtschaftlichen Güter verstanden werden, also Vermögen, Eigentums- oder Besitzpositionen. Daneben hängt individuelle Freiheit aber auch davon ab, inwieweit die Bedingungen und Voraussetzungen für die Entwicklung einer eigenständigen Persönlichkeit und deren Weiterentwicklung gegeben sind. Von Freiheit kann nicht gesprochen werden, wenn die Gefahr besteht, dass die Persönlichkeit des Menschen sowie das in ihm vorhandene Potential durch die tatsächlichen Umweltbedingungen relativiert und absorbiert wird. Dann nämlich tritt eine Okkupation von basalen Entwicklungsgrundlagen ein. Diese Situation ist gegeben, wenn Menschen durch ihren Beruf derartig funktionalisiert werden, dass sie keinerlei Mitwirkungs- und Gestaltungsmöglichkeiten haben. Es wird damit in einem zentralen Bereich der Lebenswirklichkeit auf die Individualität und Subjektstellung des Menschen nicht mehr eingegangen. Diese Dominanz des Ökonomischen bedeutet aber das Risiko, dass gerade ein nicht in wirtschaftliche Kennziffern aus-

drückbares Gut des Menschen, nämlich seine Persönlichkeit oder seine Würde als unverzichtbare Voraussetzung von Freiheit durch Nichtbeachtung im wirtschaftlichen Prozess relativiert werden könnte. Da Persönlichkeit als solche nicht temporär teilbar ist, kann dies aus Sicht der Betroffenen zu einem entsprechenden umfassenden Verlust ihrer subjektiven Wertigkeit führen. Der Effekt wäre eine Enteignung der Subjektivität durch die Instrumentalisierung des Menschen im Vollzug der ökonomischen Logik. Neben diesem Ausblenden der Persönlichkeit liegt ein weiterer Gefahrentatbestand in einer Tendenz der Überanspruchung der humanen Ressourcen innerhalb der wirtschaftlichen Abläufe begründet. Wenn der Einzelne aufgrund der dominierenden Logiken und Zwängen der Funktionssysteme zudem nur noch eingeschränkte Möglichkeiten zur Regeneration und Sicherung seiner Ressourcenausstattung hat, besteht längerfristig die Gefahr eines sukzessiven schleichenden Verlustes seiner Kompetenzen. Dies kann neben dem sog. Burn-out-Syndrom auch zu chronifizierten psychischen wie physischen Erkrankungen führen. Damit wird deutlich, welche Aneignungsprozesse jenseits der materiellen Basis einer Person stattfinden können. In diesen Situationen werden ihr dann aber die unverzichtbaren Bedingungen für die Realisierung individuell gegebener optionaler Freiheitsspielräume entzogen. Auch wenn in einer sozialstaatlich verfassten Gesellschaft eine materielle Grundabsicherung der Bürger gegeben ist, darf somit diese Problematik von freiheitsreduzierenden Tendenzen aufgrund der Überbeanspruchung und Ausbeutung nichtmaterieller Güter einzelner Personen nicht übersehen werden. Auch wenn die Aspekte des Gesundheitsschutzes sowie des Persönlichkeitsschutzes durch verschiedene Rechtsnormen durchaus thematisiert und geregelt werden, geht doch der ethische Hinweis des 9. Gebotes hierüber hinaus: Der Adressat wird angehalten, bei Entscheidungen und deren Realisierung mögliche Folgewirkungen auf die nichtmateriellen Güter anderer Personen mit einzubeziehen und als Konsequenz, unabhängig von den aktuellen rechtlichen Vorgaben, Verhaltensoptionen zu wählen, die die diese respektieren und nicht in ihrer Substanz aufzehren. Dies bedeutet in erster Linie zunächst ein Unterlassen der Handlungen. Darüber hinaus kann aber in bestimmten Konstellationen ein aktives Handeln geboten sein, um entsprechende negative freiheitsreduzierende Effekte des eigenen Verhaltens auf andere auszuschließen. Letzteres ist insbesondere bei Tatbeständen zu diskutieren, wo eine längerfristige und damit intensivere Beziehung zwischen den Akteuren gegeben ist. Hier kann die Gefahr bestehen, dass aufgrund der tatsächlichen Bedingungen der Leistungserbringung ohne geeignete Kompensationsmaßnahmen der materiellen wie nichtmaterielle Güterstatus eines Akteurs zunehmend reduziert wird. Zu denken ist hier insbesondere an die Gestaltung der Arbeitsverhältnisse, wo beide Vertragspartner in dauerhaften Austauschbeziehungen zueinander stehen. Ein ökonomisches Machtgefälle zu Lasten des Arbeitnehmers aufgrund eines Arbeitskräfteüberangebotes sowie des bestehenden Wettbewerbsdrucks könnten zum Beispiel zu einer marktkonformen Strategie der ständigen Absenkung von Arbeitskosten motivieren, woraus in letzter Konsequenz ein Lohnniveau resultiert, welches unter Umständen nicht mehr zur Deckung der Lebenshaltungskosten ausreicht. Dieses Phänomen wird mit dem Begriff der *working poor* zutreffend umschrieben. Dieser Tatbestand trifft insbesondere bei der Verbindung einer niedrigen Lohnhöhe mit einem abgesenkten Arbeitszeitvolumen (Teilzeit) zu. Aufgrund der Untrennbarkeit der Arbeitserbringung von der Person des Arbeitnehmers sind zudem auch immer dessen höchstpersönliche Güter (Persönlichkeit, Gesundheit) betroffen. Die hier bestehenden Faktoren bedingen daher insoweit ein gewisses latentes Gefährdungspotential zu Lasten der Beschäftigten. Um hier sukzessive Aneignungsprozesse auszuschließen bietet es sich an, durch entsprechende strukturell verankerte Maßnahmen aktiv derartige Risikotatbestände zu kompensieren. Eine vergleichbare Situation ist aber auch zwischen Unternehmen gegeben, die ebenfalls über längere Kontaktbeziehungen verfügen, wie dies zum Beispiel im Verhältnis zu Zulieferern der Fall ist. Das dort angesammelte spezifische Wissen wird gerade bei dauerhaften Leistungsbeziehungen vielfach dem Partner gegenüber offen gelegt und zur Verfügung gestellt, wodurch zugleich eine gewisse

Abhängigkeit entsteht. Diese könnte ein Unternehmen in die Lage versetzten den Zuliefererbetrieb insbesondere in kritischen Wettbewerbssituationen zunehmend bei Preisgestaltungen verstärkt unter Druck zu setzen, um bessere Konditionen zu erreichen. Die spätere Folge der Absorption der spezifischen Wissensbasis wie der wirtschaftlichen Potenz wäre dann möglicherweise eine Erosion der wirtschaftlichen Basis des Zulieferers. Hier ist also sicherzustellen, dass derartige Strategien im Unternehmen vorn vornherein ausgeschlossen sind.

> Das 9. Gebot verlangt die Sicherung der individuellen Ressourcenausstattung. Zugleich ist die wirtschaftliche Leistungsfähigkeit von Vertragspartnern zu beachten.

Ausgehend von der Intention des 9. Gebotes über den Schutz der basalen Güter einer Person die Bedingungen für deren Freiheitsoptionen zu sichern, werden verbindliche strukturelle Gestaltungsvorgaben gesetzt, die von allen Akteuren (Personen, Organisationen) zur Sicherung der freiheitlichen Verfasstheit einer Gesellschaft zu beachten sind. In der heutigen Gesellschaft kommt gerade den Organisationen eine zentrale Bedeutung zu. Sowohl im marktorientierten Bereich wie im Non-Profit-Sektor sind sie der Ort für die stattfindenden Wertschöpfungsprozesse. Zugleich müssen Organisationen bei der Realisierung ihres Organisationszwecks ständig die unterschiedlichen Logiken der involvierten Funktionssysteme beachten. Während Unternehmen des Profit-Sektors sich primär an die Logik des wirtschaftlichen Systems und Non-Profit-Organisationen sich eher an die Logik ihres relevanten Funktionssystems (zum Beispiel Medizin, Pflege, Soziale Arbeit) ausrichten müssen, sind sie jedoch hierauf nicht beschränkt. So sind rechtliche Normierungen für beide gleichermaßen von Bedeutung. Non-Profit-Organisationen müssen aber auch ökonomische Aspekte beachten, da ansonsten keine finanziellen Mittel zur Verfolgung der angestrebten Ziele mehr zur Verfügung stehen und in der Folge der Fortbestand gefährdet ist. Marktorientierte Unternehmen können, wenn sie in ihrer Umwelt eine dauerhafte Akzeptanz und

Legitimation erreichen wollen, nicht in einem ethischen Vakuum agieren. Dies zeigt gerade die aktuelle Diskussion über die sog. social responsability von Unternehmen. Organisationen sind daher der ständigen Herausforderung ausgesetzt, die unterschiedlichsten Logiken im Kontext der Aufgabenerledigung zu koordinieren und zu koppeln. Moralische Konfliktlagen müssen daher in den Grundstrukturen der Organisation als sog. Organisationsethik thematisiert werden. Ferner treffen unterschiedliche Interessenlagen von Arbeitgeber, Arbeitnehmer, Kapitaleigner, Management, Kunden, Konkurrenten oder weiteren externen Kooperationspartnern zusammen, so dass auch hier die Notwendigkeit einer Abstimmung und Koordinierung besteht. Gerade für zu lösende Konfliktfälle und Widersprüchlichkeiten bedarf es geeigneter Entscheidungsregeln. Diese sind als die Organisationskultur prägende Entscheidungsprämissen zu definieren und zu kommunizieren. Die Orientierung einer Organisation in ihrer Gesamtheit an das 9. Gebot bedeutet somit zunächst die Implementierung der dort getroffenen Aussage und Regelungsintention in deren Entscheidungsprämissen.

Im Verhältnis zu den Mitarbeitern gewinnt der Aspekt der individuellen Freiheitssicherung eine besondere Bedeutung. Die Arbeitsleistung wird in räumlicher wie struktureller Nähe zur Organisation erbracht, so dass sich die Sphären von Organisation und Mitarbeiter überlagern. Letztere können daher im Verhältnis zu anderen Akteuren verstärkt mit möglichen freiheitsreduzierenden Risikopotentialen konfrontiert werden. Aufgrund der Notwendigkeit über die Erwerbstätigkeit die Kosten für den eigenen Lebensunterhalt abzudecken, hängt von der Einkommenshöhe auch die Realisierung gesellschaftlicher Teilhabechancen ab. Unabhängig von der Frage des gerechten Lohnes hat die Organisation als Arbeitgeber zu beachten, dass bei der Lohnfindung und -festsetzung dieser Aspekt die notwendige Beachtung findet. Konkret könnte dies heißen, dass gerade für den Bereich der unteren Einkommenssegmente eine Lohnhöhe angestrebt wird, welche unter Umständen über dem eigentlichen Marktniveau liegt und damit eine Verbesserung der freiheitssichernden ökonomischen Ressourcenausstattung ermöglicht. Durch den

Verzicht auf eine ausschließlich ökonomische marktorientierte Bewertung kann somit durch die Organisation als Arbeitgeber ein wesentlicher Beitrag zur Sicherung der individuellen Freiheitssphäre der Mitarbeiter geleistet werden. So ist es ebenfalls vorstellbar über die Festlegung der Arbeitszeit (z. B. der Umfang der wöchentlichen Arbeitszeit) den Mitarbeitern ein ausreichendes einkommenssteigerndes Zeitvolumen anzubieten. Durch diese Maßnahmen würde in dem Entscheidungsprozess über die Gestaltung von Lohn und Arbeitszeit auch der freiheitssichernde Aspekt mit berücksichtigt. In welchem konkreten Umfang dies aber tatsächlich realisierbar ist, hängt weiter aber auch von dem wirtschaftlichen Handlungsspielraum der Organisation ab. Insofern gilt es, die durch das 9. Gebot initiierten ethischen Kriterien mit den real zu Verfügung stehenden Umsetzungschancen zu koordinieren, denn die Nichtbeachtung der wirtschaftlicher Rahmenbedingungen stellt natürlich eine existenzgefährdende Bedrohung für die Organisation dar. Konkret bedingt dies ein Verfahren der Auslotung und Ermittlung von Handlungsspielräumen, die zu einer Verbesserung der ökonomischen Ausstattung von Mitarbeitern als Basis für deren Freiheitschancen beitragen können.

> Organisationen haben eine existenzsichernde Entlohnung zu ermöglichen.

Ob eine Organisation ihre Ziele erreicht, also erfolgreich ist, hängt entscheidend von der Leistung der Mitarbeiter ab. Sie bringen nicht nur einen Teil ihres Lebens (Arbeitszeit) mit ein, sondern stellen ferner auch ihr individuelles Wissen, ihre Kompetenzen und Kreativität umfassend zur Verfügung. Auch wenn sie hierfür das vereinbarte Arbeitsentgelt und mittelbar eine gewisse Arbeitsplatzsicherheit erhalten, ist dennoch zu überlegen, ob nicht angesichts der stattfindenden Aneignungsprozesse zugunsten der Organisation nicht eine weitere Kompensation erforderlich ist. Konkret stellt sich die Frage, in welchem Umfang die Mitarbeiter an dem Erfolg der Organisation zu beteiligen sind. Denn das Erreichen bestimmter Ziele und Ergebnisse ist abhängig von deren Motivation und den zuvor geschilderten Fähigkeiten. Wenn also die Ausstattung der Organisation (Gewinnsituation, Marktanteile, „Markenwert") erhöht wird, sind hierfür auch die Arbeitnehmer wie das Management gleichermaßen verantwortlich. Eine alleinige Abgeltung über Lohnzahlungen könnte aber das Risiko von späteren Aufzehrungen dieser Leistung bewirken. Dies wäre dann gegeben, wenn durch nachfolgende negative Ereignisse (Gewinnrückgänge, Übernahme durch andere Unternehmen) diese erzielten Vorteile sukzessive relativiert würden und der Organisation nicht mehr als Grundlage zur Sicherung von Arbeitsplätzen zur Verfügung stehen würden. Dann nämlich kann als Legitimation von Gewinnen oder Erträgen gegenüber den Beschäftigten das Argument der Arbeitsplatzsicherung nicht mehr gelten. Vielmehr ist dann eher als Reaktion ein Abbau von Arbeitsplätzen zu befürchten. Dies bedeutet aber im Ergebnis eine – vielleicht auch vorab nicht bezweckte – Aneignung von Leistungen und damit von Gütern der Mitarbeiter der Organisation. Um diesen Widerspruch zur Intention des 9. Gebotes zu vermeiden, wäre die Einführung von Modellen der Erfolgsbeteiligung sinnvoll. Hierdurch können alle Mitarbeiter und nicht nur das Management an der positiven Entwicklung der Organisation teilhaben. Da die Beschäftigten durch ihre konkreten Leistungen wesentlich zur Wertschöpfung beitragen, ist dies auch bei einem möglichen und notwendigen Abbau von Arbeitsplätzen zu würdigen. Um auch der bei Entlassungen gegebenen der Gefahr nachträglicher Absorptionsprozesse zu begegnen, sollten in diesem Zusammenhang Kriterien entwickelt werden, die die zuvor erbrachten Leistungen der Mitarbeiter entsprechend würdigen. Da der Arbeitnehmer in der Regel auf die Einbindung seiner Erwerbstätigkeit in einen Organisationskontext angewiesen ist, bedeutet die Kündigung auch einen erheblichen Eingriff in seine Lebensgrundlagen. Daher sollte auch bei aus wirtschaftlichen Gründen unabdingbaren Kündigungen überlegt werden, wie für die Betroffenen durch eine Begleitung über die Beendigung des Arbeitsverhältnisses hinaus eine künftige Perspektive geschaffen werden kann (Outplacement-Beratung, Coachingangebote). Folgerichtig sind daher auch Strategien zu konzipieren, durch die Freisetzung von Arbeitnehmern zumindest reduziert wird. Neben der Inanspruchnahme von staatlichen Transferzahlungen, wie das Kurzarbeitergeld, könnte dies auch über Umverteilungen des Arbeitszeitvolumens über die Einführung von entsprechenden Teilzeitmodellen mit hieraus resultierenden Lohneinbußen realisiert werden.

> Organisationen müssen Alternativen zu Kündigungen entwickeln. Bei unvermeidbaren Kündigungen ist Begleitung und Unterstützung gewährleisten.

Neben diesen monetären Aspekten gilt es bei der Gestaltung der Arbeitsstrukturen auch auf die Sicherung und Respektierung von basalen immateriellen Gütern, wie Gesundheit und Persönlichkeit, zu achten. Konkret bedeutet dies die Abwehr von möglichen Risikofaktoren aus der internen Organisationsumgebung. Persönlichkeitsbeeinträchtigende und damit auch verbunden gesundheitliche negative Auswirkungen resultieren aus Diskriminierungs- sowie Mobbingtendenzen, aus freiheitsminimierenden, eher autoritär geprägten Führungsstilen und aus einer Arbeitsorganisation, die den einzelnen Akteuren nur eine geringe Autonomie einräumt. Insofern besteht die Notwendigkeit zur Implementierung von Strategien, die einen aktiven Schutz der Mitarbeiter gerade vor Persönlichkeitsverletzungen durch Handlungen von Kollegen oder Vorgesetzten bieten. Es sind also entsprechende Verfahrensroutinen zu konzipieren, durch die derartigen Tendenzen allgemein vorgebeugt (Prophylaxe durch Information und Beratung) und weiter den Betroffenen im Einzelfall eine konkrete Unterstützung (Nennung von Ansprechpartnern, Sachverhaltsaufklärung, Begleitung durch professionelle Fachkräfte) gewährt wird. Schließlich bedarf es auch einer Organisationskultur, die die möglichst umfangreiche Realisierung von Partizipationsspielräumen erlaubt. Erreicht werden kann dies mit einer Delegation von Entscheidungskompetenzen auf die Mitarbeiterebene, wodurch die Mitarbeiter eine größere Autonomie bei der konkreten Erledigung ihrer Arbeitsaufträge und bei deren zeitlicher Gestaltung (Stichwort: Arbeitszeitflexibilisierung) erhalten. Des Weiteren besteht ferner bei einer wachsenden Arbeitsverdichtung die Problematik einer dauerhaften Überlastung der Mitarbeiter. Um hierdurch verursachte negative Auswirkungen auf deren individuelle Ressourcenausstattung von vornherein zu verhindern, muss dieser Aspekt bei der konkreten Planung und Durchführung der Arbeitsprozesse berücksichtigt werden. Dies bedeutet konkret eine regelmäßige Überprüfung der internen Prozesse dahingehend, ob die definierten Arbeitsaufgaben auch von den Mitarbeitern unter Einhaltung von fachlichen Standards bewältigt werden können. Zudem kann ferner auch überlegt werden, durch spezifische Unterstützungsangebote (Coaching, Supervision) eine Kompensation und damit eine Ressourcensicherung zu erreichen. Hierzu gehört auch ein Programm der angemessenen Fort- und Weiterbildung aller Beschäftigten.

> Partizipationsspielräume sind konsequent zu entwickeln. Der Schutz der Mitarbeiter vor Gesundheits- und Persönlichkeitsbeeinträchtigungen (z. B. Anti-Mobbing-Strategien) ist sicherzustellen.

Bei der Gestaltung des Außenverhältnisses einer Organisation kann zwischen den Wettbewerbsbeziehungen und den sonstigen Kontakten unterschieden werden. Gemeinsames Moment ist aber bei einem an das 9. Gebot ausgerichtete Verhalten der Verzicht auf die Aneignung der für die Freiheitssicherung notwendigen Güterausstattung. Die bedeutet konkret ein Wettbewerbsverhalten, welches nicht auf die ökonomische Vernichtung von Konkurrenten ausgerichtet ist, um beispielsweise die eigene Marktposition noch mehr auszubauen. Dazu gehört, wie zuvor ausgeführt, auch die Nichtausübung von realisierbaren Preisstrategien gegenüber Zulieferunternehmen, die diesen längerfristig die Existenzbedingungen erodieren lässt, weil ansonsten kein finanzieller Spielraum für Produktverbesserungen oder Innovationen mehr besteht. Auch gegenüber Kunden oder anderen Adressaten der Organisation ist die Einbeziehung der Freiheitssphäre des jeweils anderen von Bedeutung. So ist darauf zu achten, dass bei der konkreten Ausgestaltung der Leistungsbeziehungen der jeweilige subjektive Handlungsrahmen erhalten bleibt.

Dies ist aber gerade nicht der Fall, wenn hier rechtliche Verbindlichkeiten begründet werden, die die wirtschaftliche Leistungsfähigkeit überfordern. Zu vermeiden sind daher Strategien, die diese Resultate bei Vertragspartnern bewusst in Kauf nehmen oder sogar noch forcieren. Auch Entscheidungen, die darauf abzielen, andere Organisationen bzw. Unternehmen mit der ausschließlichen Verwertungsabsicht hinsichtlich der dort vorhandenen wirtschaftlichen Güter und ökonomischen Werte zu übernehmen, kollidieren mit dem 9. Gebot. Denn bei dieser Konstellation werden die von den dort beschäftigten Personen erarbeiteten wirtschaftlichen Grundlagen als Voraussetzung für den Fortbestand der Organisation und damit auch mittelbar für die Existenzsicherung der Mitarbeiter zerstört.

> Auf ein aggressives Wettbewerbsverhalten, durch das Konkurrenten vom Markt verdrängt werden ist zu verzichten. Die Übernahme von Unternehmen mit der ausschließlichen Intention einer wirtschaftlichen Verwertung der dort vorhandenen Vermögenswerte ist ausgeschlossen.

Ferner hat eine Orientierung an das 9. Gebot auch Konsequenzen für die Ausgestaltung der weiteren Beziehungen zur ökologischen wie sozialen Umwelt. So können durch rechtlich zulässige Entscheidungen belastende Impulse für die unmittelbare soziale Umwelt (Stadt, Kommune, Region) ausgehen, die zumindest längerfristig Auswirkungen auf die dort lebenden Menschen haben. Die Einstellung der Tätigkeit eines Unternehmens oder aber deren Verlagerung zu anderen wirtschaftlich attraktiveren Standorten geht vielfach mit einem Verlust entsprechender Ressourcen (geringeres Steueraufkommen, Nachfrageausfall hinsichtlich weiterer Dienstleistungen, geringere Kaufkraft aufgrund der Absenkung der Beschäftigtenquote) einher, so dass auch in der sozialen Umwelt der Organisation eine Erosion der wirtschaftlichen Grundlagen stattfinden kann. Entsprechendes gilt für die Verursachung von (rechtlich zulässigen) Umweltbelastungen. Auch hierdurch können die gegenwärtigen wie künftigen Lebensgrundlagen in einer bestimmten Region erheblich beeinträchtigt werden. Bei beiden vorstehenden Konstellationen besteht also die Problematik von schleichenden Aneignungsprozessen, wodurch die Partizipationschancen auch der externen Akteure und damit deren Freiheitsräume reduziert werden könnten. Bei einer Orientierung an das 9. Gebot müssen dann diese freiheitsbeschränkenden Effekte ebenfalls in den Kontext der Entscheidungsfindung mit einbezogen werden.

> Es gilt negative Effekten auf die soziale wie ökologische Umwelt der Organisation zu vermeiden.

Operationalisierung des 9. Gebotes

Die Realisierung des normativen Inhaltes des 9. Gebotes bedeutet für Organisationen die Implementierung von Entscheidungsregeln, die zu einer entsprechenden Sicherung von Freiheitsräumen führen. Dies bedingt die Definition von Parametern, anhand derer das jeweilige Handeln in Bezug auf die Freiheitsgarantie des 9. Gebotes zu beobachten und zu bewerten ist. Die vorstehenden Ausführungen haben gezeigt, wie eine entsprechende Operationalisierung erreicht werden kann. Diese können dann auch in Controllinginstrumente wie z. B. der Balanced Scorecard integriert werden, so dass auch die kontinuierliche Steuerung und Überprüfung der gegenwärtigen wie künftigen Organisationsentscheidungen möglich ist.

Literatur

Anzenbacher, A.: Christliche Sozialethik, Paderborn, 1998.
Dux, G.: Die Moral in der prozessualen Logik der Moderne, Göttingen, 2004.
Lezius, H. M. / Beyer, H.: Menschen machen Wirtschaft. Chancen der Partnerschaft im Betrieb, Wiesbaden, 1998.
Luhmann, N.: Organisation und Entscheidung, Opladen/ Wiesbaden, 2000.

Elisabeth Jünemann

Das zehnte Gebot: Du sollst nicht nach der Frau deines Nächsten verlangen

Der private Raum (zum Beispiel die „Frau") ist eine Lebengrundlage für Menschen. Wenn Israel zulässt, dass der verletzt wird, verliert es seine Freiheit.

Es geht um den Freiheitsraum: Intime Gemeinschaft.

Organisationen haben die intimen Beziehungen jedes Menschen (die der Kunden oder der Klientinnen genauso wie die des leitenden Mitarbeiters) zu achten. Und, weil intime Beziehungen, Beziehungen zu Menschen, von denen man sich „komplett berücksichtigt" weiß, unbedingt zum Menschen gehören, auch zu schützen und zu fördern.

Das 10. Gebot liegt Herrn B. am Herzen. Nicht, dass er, der stellvertretende Schulleiter, Sorge haben müsste, man stelle hier im Kollegium verheirateten Frauen nach. Darum geht es nicht. Er fürchtet auch keine Indiskretionen an seiner Schule. Das Intimleben der Schülerinnen und Schüler wie das der Kolleginnen und Kollege ist hier tabu. So sehr tabu, dass ihn zunehmend die Frage beschäftigt, ob nicht gerade das Vorbeischauen am privaten Lebensbereich der Menschen, die hier arbeiten, lehren und lernen, ungebührlich ist. Das Leben wird getrennt – in einen öffentlichen und einen intimen Bereich. Hier: Die Arbeit, die Leistung (und die nicht erbrachte Leistung), vielleicht auch noch die erwünschte Kollegialität, die das Arbeiten miteinander erleichtert. Die Arbeit, die wir zum guten Leben brauchen. Da: Der intime, von der Öffentlichkeit geschützte Bereich. Das Privatleben. Das Leben mit den Menschen, die man zum Leben braucht. Man trachtet den Kollegen hier nicht nach dem Intimleben. Aber man stützt oder schützt es auch nicht.
Herr B. kennt das. Bei der großen Anzahl der abendlichen Schulveranstaltungen, die selbstverständlich als „Chefsa-

che" deklariert werden, ist er kaum einen Abend zu Hause. Das belastet ihn. Und es ärgert ihn, dass das hier niemanden interessiert. Seine Frau ist Rektorin an der Grundschule; 90 % ihres Kollegiums sind weiblich. Irgendwie läuft das da anders.

Von der Freiheit, intime Beziehungen zu entwickeln

Dass der Mensch als Mann und als Frau von der Kindheit bis zum Alter zum glücklichen Leben einen anderen Menschen braucht, der verlässlich da und verlässlich nah ist, ist eine uralte Erfahrung. Fast ebenso alt ist der Versuch, die Erfüllung dieses Bedürfnis nach einer verlässlichen Beziehung zu sichern durch entsprechende Strukturen. Heute wie vor 3 000 Jahren, heute anders als vor 3 000 Jahren. Sippen, Großfamilien oder Kernfamilien, Ehen und Partnerschaften – jeweils ging und geht es um verlässliche Strukturen, die dem Einzelnen die notwendige Gemeinschaft mit anderen Menschen, die verlässliche intime Beziehungen sichern. Jeweils geht es um Strukturen, die der Gesellschaft die Dienste sichern, die sie in ihren Gesellschaftssystemen, im Wirtschaftssystem und im politischen System, im Bildungs- und im Pflegesystem zum Beispiel braucht, die aber außerhalb des „Intimsystems" nicht zu haben sind.
Hierzulande und heutzutage ist die Familie, bei aller larmoyanten Klage über ihr Nichtgenügen, immer noch der Ort, dem vor allem zugetraut wird, dass dort das Intimsystem funktioniert. In der Familie wird die intime Beziehung zwischen Menschen, zwischen Frauen und Männern, Eltern und Kindern, zwischen Geschwistern, zwischen Kindern und alten Eltern, Großeltern und Enkelkindern gelebt. Mit der Familie wird gerechnet. Damit rechnet man, wenn es um die Betreuung der Kinder geht. Um die Pflege der Kranken und um die der Alten. Mit der Familie wird gerechnet, wenn es um die Wirtschaft geht und um die Bildung. Auch wenn es um die von der Pisa-Studie vernachlässigte Art von Bildung geht, die die Alten „Herzensbildung" nannten; die, die mit Verstand und Gefühl, mit sich selbst und dem anderen umzugehen lehrt. Mit der

Familie wird gerechnet, wenn es um die Weitergabe des Glaubens geht. Wenn es darum geht, etwas von der helfenden und heilenden Beziehung Gottes zu den Menschen zu erfahren. In den Familien soll man das Zusammenleben lernen, in seinen konkreten Formen. Da soll man erfahren können, was es bedeutet, bedingungslos geliebt zu werden und zu lieben. Da soll es möglich sein, sich selbst zu behaupten und für den andern da zu sein, Eigensinn und Toleranz zu üben, Widerstand und Anpassung. In der Familie sollen Kinder ein eigener Mensch werden und gleichzeitig eine soziale Identität ausbilden; was ja auch den pluralitätsfähigen Staatsbürger ausmacht. Mit der Familie wird gerechnet – in allen gesellschaftlichen Systemen, in allen Organisationen.

Denn Familie ist, so formuliert es der Soziologe Peter Fuchs, das einzige „Funktionssystem der Gesellschaft, das die Funktion der Komplettberücksichtigung der Person übernimmt, ausbaut und stabilisiert". In der Familie – und nur hier – geht es um die Komplettberücksichtigung der Personen. Nur hier interessiert die ganze Person, der ganze Mensch mit Körper, Geist und Seele. In der Familie geht es um die Berücksichtigung des Körpers und allem, was wir mit Körper konnotieren: Sexualität, Empfängnis, Gebären, Säugen, Nähren, Stoffwechsel, Heranwachsen, Gesundheit, Stärke, Schwäche, Krankheit, Alter, Tod. In der Familie geht es um die Berücksichtigung des Geistes oder der Psyche und allem, was wir damit konnotieren: Die Lebenslust. Und die Gefahr, sie zu verlieren. Das Verlangen nach Glück und nach Liebe, nach Verstehen und Verstandenwerden, nach Einsicht und Erkenntnis, Kreativität und Fantasie. Und nicht zuletzt geht es in der Familie um die Berücksichtigung der Seele, der göttlichen Kraft, die den Menschen verändert, die die Lebenswünsche und -ängste des Menschen in Relation zu Gott stellt, die den Menschen lebendig und stark macht – in seiner Beziehung zu Gott.

In der Familie – und nur dort – geht es um die Komplettberücksichtigung der Person, der ganzen Person – Körper, Geist und Seele. Ein extremer Anspruch und eine extreme Belastung – wieso sollte man sich der stellen, sie aushalten? Wenn nicht aus Liebe. Kühl soziologisch formuliert heißt das: „Im Intimsystem Familie, das die Erweiterung des Intimsystems Ehe ist, muss das Kommunikationsmedium Liebe angenommen werden." Eine gegenseitige Komplettberücksichtigung funktioniert nur, wenn Liebe im Spiel ist. Man muss lieben in der Familie. Man darf nicht nicht lieben. Abneigung und Vernachlässigung können nicht toleriert werden. Denn: Wenn Liebe die Voraussetzung für das Funktionieren ist, führt der Mangel an Liebe zur Katastrophe. Entsprechend dramatisch wirken Scheidungen in Familien.

„Was ist Familie?" Ob ich nun kühl soziologisch spreche von einem Intimsystem, das die Erweiterung des Intimsystems Ehe durch Kinder ist. Von der Funktion der Familie als „Komplettberücksichtigung" und von ihrem Kommunikationsmedium Liebe, ohne das die Komplettberücksichtigung nicht funktioniert – oder ob ich eher theologisch spreche: Von der auf der Ehe aufbauenden Familie, vom gegenseitigen Dienst der Familienmitglieder, den anderen als ganzen Menschen, als Körper und Geist, mit einer Seele zu verstehen und ihm zum gelingenden Leben zu verhelfen und von der Lebens- und Schicksalsgemeinschaft (CIC can 10,55), Familie, in der das in Liebe und Solidarität (CA 39,1) möglich ist. Was dabei herauskommt, sozusagen die Schnittmenge, ist: In der Familie geht es um zweierlei, um Funktionalität und um Liebe. Um zweierlei Logiken: Um die der Funktionalität und die der Liebe. Das macht die Familie zu einem höchst komplexen Gebilde. Und zu einem höchst fragilen. Denn: Wo es nicht möglich ist, Funktion und Liebe zu koppeln, wo die Funktion oder die Liebe unter Druck gerät, weg bricht, da gerät das gesamte Gebilde Familie in Not. Es kommt zur Katastrophe. Wir wissen, dass diese Katastrophen zunehmen. In allen kulturellen Milieus. In allen Phasen des Familienlebens.

Von der Notwendigkeit, intime Beziehungen zu schützen

Intimbeziehungen wie Familien scheitern, damals wie heute, heute anders und aus anderen Gründen als damals. Im Mittelpunkt der Diskussion um die Familie und um ihr Scheitern steht heute die Wirtschaft bzw. das Wirtschaften.

Seit das Wirtschaften ausgezogen ist aus der alten Arbeits- und Lebensgemeinschaft, dem „oikos“ (gr: das Haus), macht es Probleme. Seit es ausgezogen ist aus der Hausgemeinschaft von Intimbeziehungen und Wirtschaftsbeziehungen, geht es seine eigenen Wege. Seit sich die „oikonomia“ nicht mehr wie einst auf die Hauswirtschaft bezieht, steht sie dem (nennen wir es:) Intimsystem im Weg. Statt die private Gemeinschaft zu schützen, für die Komplettberücksichtigung der Personen zu sorgen, geht es ihm um Haben, Nichthaben, Geld und Gewinn. Seit der „oikonomos“ nicht mehr wie ehedem Lenker des gesamten Hauses ist, des intimen Lebens wie des wirtschaftlichen Lebens, ist er dem Intimsystem suspekt. Und der Moral auch. Der „oikonomos“ fördert als Ökonom heute, heißt es, ausschließlich die Logik seines eigenen Systems. Und die ist nun einmal anders als die der Familie, notwendigerweise. Intimsystem und Wirtschaftssystem, Familie und Wirtschaftsunternehmen – sie haben sich auseinander gelebt. Sie haben ihre je eigene Logik, funktionieren unterschiedlich, bringen je unterschiedliche Leistungen für die Gesellschaft – und brauchen je unterschiedliche Rahmenbedingungen. Was dem einen recht ist, ist dem anderen noch längst nicht billig. Das Verhältnis ist gestört.

Für die Frage nach einem guten Verhältnis zwischen Intimsystem und Wirtschaftssystem, nach einer gerechten Beziehung zwischen Familie und dem Unternehmen, das wirtschaften muss (sei es ein Wirtschaftsunternehmen oder ein soziales Unternehmen) ergibt sich ein Problem: Die Frage nach dem Guten und Gerechten muss in Richtungen zweier, reichlich unterschiedlicher sozialer Bereiche (oder Systeme) gestellt werden: Was wird dem Unternehmen gerecht? Was braucht es, damit es unter gerechten Bedingungen gut funktioniert? Und: Was wird der Familie gerecht? Was braucht sie, damit sie unter gerechten Bedingungen gut funktioniert? Dass die Antworten auf beide Fragen nicht unbedingt kompatibel sind, versteht sich von selbst. Dass nach Möglichkeiten gesucht werden muss, beide Fragen kompatibel zu beantworten – der Familie wegen wie des Unternehmens wegen, auch.

Die Suche nach dieser Antwort kann man wahlweise von zwei Seiten aus starten: Auf der einen Seite: Was braucht

die Wirtschaft von der Familie, um funktionieren zu können? Auf der anderen Seite: Was braucht die Familie von der Wirtschaft, um überleben zu können?
Was braucht ein Unternehmen? In aller Kürze: Nicht nur gute äußere Rahmenbedingungen von Wirtschaft, Markt oder Politik. Für den Erfolg eines Unternehmens gilt, das liest die Unternehmensleitung im „Harvard Business Manager“ wie in der Zeitschrift „Personal“, der „Faktor Mensch“. Und der ist nun einmal angewiesen auf seine Umgebung. Der ist nun einmal darauf angewiesen, mit anderen zusammen unter verlässlich gerechten Bedingungen verlässlich gut zu leben. Der Unternehmenserfolg hängt am „Faktor Mensch“. Das klingt wirtschaftlich berechnend, kühl und ist doch alles andere: Es geht um den Menschen mit Körper, Geist und Seele. An ihm hängt der Unternehmenserfolg. Am Menschen, an dem, was er ist. Am Menschen, der – indem was er ist – angewiesen ist auf die Beziehung zu anderen, von seinem Anfang bis zu seinem Ende. Am Menschen, der die Möglichkeit hatte, von klein auf liebevoll gepflegt, erzogen und gebildet worden zu sein, oder auch nicht. Am Menschen, der ein Leben lang die Möglichkeit hat, in verlässlichen liebevollen oder wenigstens solidarischen Beziehungen zu leben, mit Körper, Geist und Seele berücksichtigt zu werden, oder auch nicht. Der Unternehmenserfolg hängt am „Faktor Mensch“. An dem, was er leistet, der Mensch. Für die Leistung des Menschen, für seine Arbeitsmotivation und -leistung gilt, davon sprechen Unternehmensberater wie Roland Berger ebenso wie die Familienministerin: Es kommt auf die Arbeitsbedingungen an. Die motivieren die Menschen, wecken Energien, machen erfolgreich – oder eben nicht. Ob der Mensch die Arbeitsbedingungen als gut oder schlecht empfindet, das liegt zu einem erheblichen Teil auch daran, ob es ihm gelingen kann, seine privaten Beziehungen glücklich zu leben. Sein Privatleben mit dem Berufsleben zu vereinbaren.
Der Unternehmenserfolg hängt am „Faktor Mensch“. Für den gilt, dass er „liebt und arbeitet“ (Dorothee Sölle). Davon lebt er, vom Intimleben und vom wirtschaftlichen Leben. Dabei wird das Intimleben oder Privatleben offensichtlich immer wichtiger: Familie und Partnerschaft ste-

hen auf der Liste der wichtigen Lebensbereiche mit 83 % ganz weit vorne, Freunde und Bekannte folgen mit 61 % bald darauf. Arbeit hat ihr „Alleinstellungsmerkmal“ als dem „Leben einen Sinn gebend“ eingebüßt. Zum glückenden Leben gehört neben der Arbeit die Intimbeziehung. Der Unternehmenserfolg hängt am „Faktor Mensch“. Am Menschen, der in privaten Beziehungen erfährt, wie mit dem anderen umzugehen ist. Am Menschen, der Verantwortung trägt, sich den Anforderungen stellt und Belastung aushält, der Einfühlungsvermögen entwickelt und Kommunikation einübt. Am Menschen, der seine so genannten „soft skills“ ausprägt – in der Familie. Am Menschen, der in der Familie das Rüstzeug für den Berufsalltag erwirbt.
Der Unternehmenserfolg hängt am „Faktor Mensch“. Der lebt in privaten Beziehungen und im Unternehmen, in beiden. Beides ist – zum Segen für beides – zu vereinbaren. Verlässlich, nicht durch freundliche Einzelmaßnahmen sondern durch Strukturen, auf die Mann und Frau sich verlassen können. Da gilt der Faktor Vertrauen. Da, wo sich Menschen darauf verlassen können, dass es menschengerecht, sozial gerecht zugeht, da kommt Vertrauen auf. Da, wo man sich verlassen kann auf bestimmte Werte – z. B. und vor allem auf den, der eine (be-)glückende intime Beziehung für Menschen hat – und auf entsprechende strukturelle und habituelle Konsequenzen, auf entsprechende Regeln und Verhaltensweisen – da kommt es zu einer Vertrauenskultur. Und die fördert den unternehmerischen Erfolg.
Was braucht das Intimsystem? Oder: Wann sind Verhältnisse so familiengerecht, dass Familien und Unternehmen davon profitieren? Zugegeben profitieren Unternehmen einseitig auch von Strategien, die familiale Teilfunktion außerhalb der Familie sicherstellen und Eltern dadurch freistellen, kurzfristig. Solange sich die Spätfolgen des Outsourcings der frühkindlichen Pflege, Erziehung und Bildung noch nicht überblicken lassen. Für Unternehmen und für Familien gleichermaßen günstig ist die Sicherung der Funktion der Familie. Dazu gehört, dass Eltern frei entscheiden können zwischen den verschiedenen Lebens- und Arbeitsmodellen: „Familie und Unternehmen“. Oder

eine Zeitlang „Familie statt Unternehmen". Was voraussetzt, dass sich beide Modelle gut leben lassen. Was wiederum – bei aller berechtigten Forderung an die Unternehmen – letztlich auch eine politische Forderung ist. Teilzeit, Flexibilität, nicht zuviel und nicht zu wenig und im Sinne der Familie, Verzicht auf allzu viel Mobilität, Unterstützung (auch finanzielle) des Ausstiegs auf Zeit und Begleitung des Wiedereinstiegs, Hilfe bei der Kinderbetreuung (was ist mit den Alten?) usf. – all das sind berechtigte Forderungen von Familie an das Unternehmen, all das ist andererseits aber nicht leistbar und schon gar nicht profitabel ohne flankierende politische Entscheidungen.
Was braucht das Intimsystem? Oder: Wann sind Verhältnisse so familiengerecht, dass Familien und Unternehmen davon profitieren? Eine Frage, die nur dann dem Sinn des 10. Gebotes, das zum Leben Notwendige zu schützen, entspricht, wenn sie aus zwei Perspektiven gestellt wird. Also nicht nur die Perspektive der Familie: „Was lässt uns als Familie funktionieren?" Nicht nur die des Unternehmens bzw. der Organisation: „Was lässt uns möglichst effizient sein?" Und auch nicht die Perspektive der Regierungsparteien, die zurzeit den Organisationen das Thema „Familienfreundlichkeit" verschreiben – nicht ohne an die nächste Wahl zu denken. Aus der Perspektive einer am Dekalog orientierten Sozialethik ist zu fragen: „Was ist gerecht?" Unter welchen sozialen Bedingungen lässt es sich gut und gerecht miteinander leben, lieben und arbeiten? In der Organisation, im Unternehmen? Im privaten Bereich, in der Familie? Und wie ist das Familiengerechte mit dem Wirtschaftsgerechten kompatibel? Wie ist beides so zusammenzubringen, dass beide profitieren, die Familie und das Unternehmen.
Notwendig in der Organisation ist

- erstens die Stärkung des Intimsystems
- zweitens der Schutz des Intimsystem gegen fremde Systeme
- drittens Kompatibilität zwischen Intimsystem und fremden Systemen

Erste Notwendigkeit: Stärkung des Intimsystems

Familien scheitern. Die Funktion der Familienmitglieder füreinander bricht weg. Die Funktion der Familie für die Gesellschaft bricht weg. Die Stärkung des Intimsystems liegt im Interesse aller, nicht nur der Familienmitglieder. Damals, vor 3 000 Jahren, in einer Zeit, als es für das Volk Israel überlebensnotwendig war, sicher zu stellen, dass es keinen Zugriff, auch nicht den zum Beispiel in Kriegszeiten bei Abwesenheit des Mannes scheinbar rechtlich und gesellschaftlich legitimierten Zugriff, auf die Frau des anderen geben darf. Heute, 3 000 Jahre später, in einer Zeit, in der es notwendig ist, das „Intimsystem" gegen die Zugriffe der fremden Systeme, der Politik oder der Wirtschaft zum Beispiel, zu schützen.

Wirtschaft und Politik kommunizieren ein entsprechendes Interesse und ein entsprechendes Engagement – unter dem Label „Familienfreundlichkeit". Ein eher unpassendes Wort, weil es in Organisationen nicht nur um Freundlichkeit, um ein freundliches Wort („Wie geht es zu Hause?") hie und da, eine freundliche Geste („Natürlich dürfen Sie bei der Geburtstagsfeier der Jüngsten nicht fehlen ...") geht, was unbestritten wohltuend aber unverbindlich ist. Es geht um eine verlässlich familiengerechte Kultur und um entsprechende strukturelle Konsequenzen. Beschäftigte müssen am Arbeitsplatz die Erfahrung machen, dass sie ihre beruflichen Aufgaben mit ihrer Verantwortung für ihre Kinder, Partner, ältere Angehörige in Einklang bringen können. Zum Nutzen beider Seiten – des Unternehmens wie der Mitarbeiterschaft. Denn gerade in konjunkturell schwierigen Zeiten, gerade in der Krise, kommt es darauf an, qualifiziertes Personal zu gewinnen und zu halten.

Eine Stärkung des Intimsystems, das heißt für das Klinikum zum Beispiel, dass Mitarbeiterinnen der unterschiedlichen Professionen, von der Pförtnerin über den Diätassistenten zur ärztlichen Direktorin oder dem Verwaltungsleiter, genauso wie Patienten und ihre Angehörige gesehen und verstanden werden als Menschen, die außerhalb der Klinik in intimen Beziehungen leben. Schwester B., Mutter eines Fünfjährigen und einer Dreijährigen, muss auf Station nicht so tun, als wäre zuhause nichts gewesen. Sie hat

ihre Arbeitszeit mit zwei Kolleginnen abgesprochen und abgeglichen. Der Pflegedienstleiter erfährt das als Privileg der Frauen bzw. der Mütter, von dem er nur träumen kann; bis aus der „Mütterhilfe" eine tatsächliche Stärkung des Intimsystems wird, braucht es, meint er, noch Zeit. Arbeits- und Lebensbedingungen werden hier auf der Station (mit-)gestaltet – je nachdem, wie die Abläufe geregelt sind, unterstützend für familiäre Anliegen und Aufgaben oder erschwerend. Die Angehörigen des alten Herrn, der seit zehn Tagen auf Station 2b liegt, kommen meist im unpassenden Moment, trotzdem findet der Stationsarzt ruhige Minuten für das aufmerksame Gespräch, das die Familie braucht. Das ist leichter möglich, seit auch für den Oberarzt klar ist, dass das hier zum Standard gehört.
Im Wohnheim St. Josef stellt sich die Frage nach der Stärkung des Intimsystems noch differenzierter: Da ist es, erzählt die Leiterin, noch nicht lange selbstverständlich, dass auch Personen, die die unbestritten zur intimen Beziehung zugehörige Verantwortung füreinander nicht alleine tragen können, ein Recht auf Beziehungen haben, in der es um das gegenseitige Interesse an Körper, Geist und Seele geht. Da ist erst allmählich aus der Aufgabe, Personen vor dem Intimsystem zu schützen die Aufgabe geworden, das Intimsystem zu stützen und Personen entsprechend zu unterstützen.

> Die Organisation achtet das Bedürfnis des Menschen und das Recht des Menschen auf intime Beziehungen wie Freundschaft oder Partnerschaft, Ehe und Familie. Solche intimen Beziehungen gelten, unabhängig davon, in welcher Form sie gelebt werden, als hohes Gut.
> Die Organisation unterstützt und fördert intime Beziehungen sowohl der Mitarbeiterinnen und Mitarbeiter als auch der Klientinnen oder Kunden durch Strukturen und durch Motivation zu einer entsprechenden Haltung.

Zweite Notwendigkeit: Schutz des Intimsystem gegen fremde Systeme

Die selbstverständliche Achtung intimer Beziehungen wehrt Übergriffe ab – zum Beispiel und vor allem die, die durch Zugriffe auf die Zeit der Menschen geschehen. Der Arbeitsmarkt fordert Flexibilität. Alles soll immer und überall möglich sein. Für die Familien zum Beispiel hat das „alles zu jeder Zeit“ aber fatale Folgen: Der Alltag muss im täglichen Balanceakt ausgehandelt werden, geplant werden, in eigener Regie hergestellt werden; unter größtem physischem und psychischem Aufwand: Wer muss wann wo wie lange sein? Wer übernimmt welche Aufgaben und wie lange? Wer hat wann frei? Gelingt diese Abstimmungsleistung nicht, dann steht die Familiengemeinschaft vor dem Auseinanderbrechen, die Funktion der Familie auf der Kippe. Aber diese Abstimmung wird immer schwieriger. Denn die einzelnen gesellschaftlichen Teilbereiche funktionieren nach unterschiedlichen Logiken, die sich nicht selten widersprechen. Familien kommen nicht aus ohne feste Zeitmuster, die davon entlasten, Zeit immer wieder zum Thema zu machen. Wo dem Zeit-Druck nichts mehr entgegengehalten werden kann, sind die Kinder und die Jugendlichen die Leidtragenden. Gerade auch die Jugendlichen.

Frau N., die von ihrem Vater die Leitung des mittelständischen Unternehmens übernommen hat, weiß, worum es da geht. Sie ist selber Mutter einer vierjährigen Tochter und des inzwischen pflegebedürftigen Vaters. Alte und besonders demente Menschen, können ihre Bedürfnisse nicht den Zeitrhythmen ihrer Umgebung anpassen. Kinder haben, das weiß sie aus Erfahrung, eigenen Zeitansprüche. Sie trödeln, machen Umwege, lieben Wiederholungen. Zuhören, Schmusen, Trösten, Spielen, Freunde der Kinder versorgen, Hausaufgaben beaufsichtigen – das alles ist zeitlich nicht berechenbar. Die vorgegebenen institutionellen Rahmenbedingungen, Kindergarten- und Schulzeit der Kinder zum Beispiel, Praxiszeiten der Ärzte, Geschäftszeiten von Behörden usw. müssen berücksichtigt werden. Ein Kind mit Bronchitis oder Windpocken bringt die persönliche Zeitordnung für ein bis zwei Wochen völlig durchein-

ander – hierzulande immer noch häufiger die der Frauen als der Männer. Entsprechend niedrig ist die Repräsentanz von Frauen in Vorständen und Aufsichtsräten der größten Wirtschaftsunternehmen.
Als Unternehmerin hat sie nicht nur klare Vorstellungen von dem, was intime Systeme gegen den Druck, gegen die Zeitvorgaben von außen brauchen, sie hat in ihrer Position auch die Möglichkeit, entsprechende Strukturen zu schaffen – einerseits. Andererseits weiß sie, dass in ihrem Unternehmen manche der inzwischen als selbstverständlich vorausgesetzten Strukturen, die mehr Zeitsouveränität (durch Entstandardisierung der Arbeitszeit) und Ortsdiffusität (durch Entstandardisierung des Arbeitsortes) erlauben, nicht so leicht durchzusetzen sind wie in großen Organisationen. Bei knapp 50 Mitarbeiterinnen und Mitarbeiter hängt die Durchsetzung von Flexibilitätsstrukturen nun mal stärker an der solidarischen Haltung der Mitarbeiterinnen und Mitarbeiter.
Zum Menschen gehört der private Raum, die intime Gemeinschaft, das Intimsystem. Das ist nach außen zu schützen – gegen Zugriffe des Wirtschaftssystems zum Beispiel, des politisches Systems oder des Bildungssystems. Das ist aber auch vor außen zu schützen. Das Intimsystem ist ein geschlossenes System. Wie es gestaltet wird, wie es gelebt wird, ist „Privatsache“, liegt in der Verantwortung der beteiligten Personen. Für die Leitung des Wohnheims St. Josef stellt sich immer wieder die Frage, wie weit die Bewohnerinnen und Bewohner diese Verantwortung tragen können, wo Hilfe und Unterstützung notwendig ist. Das Intimleben wird für umgebende Systeme, das Recht oder die Soziale Arbeit zum Beispiel, nur dann (dann aber auch unbedingt) transparent gemacht, wenn Mitglieder, vor allem Kinder und hilfebedürftige alte Menschen, in Gefahr sind.

> Die Organisation sieht andere relevante Systeme, wie Wirtschaft, Recht, Bildung, Soziale Arbeit usf., neben dem Intimsystem und nimmt sie in ihrer stets unterschiedlichen Funktion und manchmal sich widersprechenden Logik wahr.

> Die Organisation schützt das private, intime Leben der Mitarbeitrinnen und Mitarbeiter, der Kunden und Klientinnen vor Übergriffen von außen und gegen außen – strukturell durch entsprechende Regelungen und habituell, indem sie eine entsprechend sensible Haltung fördert.

Dritte Notwendigkeit: Kompatibilität zwischen Intimsystem und fremden Systemen

Die Abwehr jeglicher Okkupationsversuche von außen ist notwendig. Das heißt aber nicht, dass das Intimsystem wie die Schnecke im Schneckenhaus ohne Kontakt nach außen existieren könnte. Um selber funktionieren zu können, dockt es an andere Systeme, an Politik, Wirtschaft, Recht, Soziale Arbeit zum Beispiel an. Brennpunkt der Kopplung des Intimsystems mit fremden Systemen ist der Ort der Erwerbstätigkeit, da, wo Intimleben und Arbeitsleben aufeinander treffen. Da, wo es gelingt, das private, intime Leben im Einklang mit der Arbeit zu führen, spricht man von „Work Live Balance“, einem Gleichgewicht von Leben (Lieben) und Arbeiten.

Eine Balance zwischen verschiedenen Lebensbereichen zu ermöglichen, gilt zum einen als eine wichtige gesellschaftspolitische Herausforderung – als ein betrieblich relevantes Thema im Blick auf Wirtschaftlichkeit und Organisationskultur und als ein sozial, kulturell und pädagogisch bedeutsames Thema im Blick auf die Gestaltung der privaten, intimen Kultur. Work Life Balance gilt zum anderen als eine individuelle Frage nach Lebenseinstellung und Lebensstil.

Die Unternehmerin wie der Leiter des Sozialwerkes sind sich einig: In Wirtschaftsunternehmen wie in sozialen Unternehmen gelingt es zunehmend, strukturelle Angebote zur individuellen Ausgestaltung zu schaffen. Zunehmend gelingt es, durch entsprechende Abstimmungsprozesse unter den Mitgliedern (sei es die Mitarbeiterin, der Leiter, die Patientin, die Kundin oder der Klient), die eine flexible Handhabung von Zeit und Ort in ähnlicher Weise für sich beanspruchen, positive Möglichkeiten zu eröffnen – ohne dass es Gewinner und Verlierer gibt. Allerdings erstaunt es sie, dass die bereit gestellten Angebote oft gar nicht genutzt werden. Sie vermuten, dass familiengerechte Angebote zum Beispiel in Unternehmen mehr genutzt würden, wenn weniger der zeitliche Einsatz die Karriere bestimmen würde als die fachliche und besonders auch soziale Kompetenz.

> Das Intimsystem, vor allem Familie, kann bei aller notwendigen Eigenständigkeit nicht existieren ohne Kontakt mit anderen Systemen, der Wirtschaft, dem Recht oder der Sozialen Arbeit zum Beispiel. Dieser Kontakt muss sensibel für Organisation und Person strukturell unterstützt werden, ohne dass es zu Gewinnern und Verlieren kommt.
> Die Organisation bietet (am Brennpunkt Arbeitsplatz) für alle betroffenen Personen Strukturen zur Ausgestaltung des Neben- und Miteinanders von Systemen mit dem Ziel einer „Work Life Balance".

Literatur

Fuchs, P. Liebe, Sex und solche Sachen. Zur Konstruktion moderner Intimsysteme, Konstanz, 1999.
http://www.erfolgsfaktor-familie.de
Jünemann, E., Soziale Gerechtigkeit für die Familie. Zur Frage nach sozial gerechten Bedingungen für die funktionierende Familie, in: Jünemann, E. / Wertgen, W. (Hg.) Herausforderung Soziale Gerechtigkeit, Paderborn, 2006.
Nacke, B. / Jünemann, E. (Hg.), Der Familie und uns zuliebe. Kriterien für eine neue Familienpolitik, Mainz, 2005.
S&B Institut für Berufs- und Lebensgestaltung AG (Hg.) DAS S&B CONCEPT. Familienfrau. Wie weiter? Eine persönliche und berufliche Standortbestimmung, 2003.

Martin Engelbrecht

Der Dekalog in Organisationen – Die Implementierung von Gerechtigkeit

Grundüberlegungen

Die vorstehenden Beiträge haben die einzelnen Gebote des Dekaloges näher gebracht und deren organisationsethische Relevanz in konkrete Kriterienformulierungen gefasst. Nun stellt sich die Frage: Wie lassen sich diese einzelnen Kriterien tatsächlich in einer Organisation abbilden, welche ganz konkreten Handlungsempfehlungen können daraus für eine ganz bestimmte Organisation, zum Beispiel eine Bank, ein Maschinenhersteller, oder auch ein Krankenhaus oder eine Bildungseinrichtung entstehen? Gibt es gar die Möglichkeit, zu messen, inwieweit diese Kriterien das Handeln der Organisation tatsächlich leiten oder zumindest das Handeln kriterienadäquat ist?

Der Rahmen für eine solche Umsetzung wurde deutlich gesteckt: „Erst wo die Reflexion über das, was dem Menschen gut tut und gerecht wird, in das Kerngeschäft implementiert wird, da entsteht Vertrauen in die Qualität". Es geht also um die Umsetzung innerhalb der Organisation, nicht um einen von außen an die Organisation herangetragenen Handlungsrahmen, der quasi additiv zum organisationalen Handeln beachtet wird. Oder mit anderen Worten: Die Kriterien sind mit der jeweiligen Systemlogik der Organisation zu verknüpfen und wirken sich so unmittelbar auf eben diese Logik aus. Eben hierin liegt auch der Unterschied zu der heute allgemein verbreiteten Corporate Governance. Dieser Begriff wird zwar häufig mit „guter Unternehmensführung" übersetzt; im Wesentlichen versucht dieses Konzept aber nur die Principal-Agent-Problematik bezogen auf Unternehmen bzw. Unternehmenseigner einerseits und Unternehmensorganen andererseits zu regeln nicht das Unternehmenshandeln selbst.

Dabei geht es eben nicht darum, die in der Systemtheorie vorhandene grundsätzliche Systemlogik, dargestellt an einem binären Code (zum Beispiel in der Wirtschaft: Ge-

winn/Verlust) in Frage zu stellen. Systeme werden systemfremde Operationen in der Regel ablehnen.
Es stellt sich also die Frage nach grundlegenden Steuerungsinstrumenten oder -modellen einer Organisation, in die sich die in diesem Buch erarbeiteten Kriterien einbetten lassen. Nach der hier vertretenen Grundauffassung hat dieses Steuerungsinstrument sowohl die Zielerreichung als auch das Handeln selbst zu erfassen, also die Fragen des Was und Wie zu betrachten. In Letzterem bilden sich in besonderem Masse die hier vorgestellten Kriterien ab; aber nur wenn dies auch mit der Zielerreichung – dem Was, in dem sich die grundsätzliche Systemlogik der Organisation abbildet – integriert ist, wird eine nachhaltige Umsetzung gewährleistet sein.
Diese Überlegungen führen uns zur von Kaplan und Norton entwickelten Balanced Scorecard. Hier geht es darum, ein Informationssystem aus finanziellen und nichtfinanziellen Kennzahlen aufzubauen, die die Unternehmensentwicklung aus verschiedenen Perspektiven betrachten – in der klassischen Form der Scorecard sind dies die finanzielle Perspektive, die Kunden-, die Prozess- und die Lern- und Entwicklungsperspektive. Diese Perspektiven bilden damit die Grundzüge des Handelns der Organisation ab und setzen es in Beziehung zu ihrer Strategie. Mit der Darstellung einzelner Ziele in den Perspektiven und der Entwicklung von Kennzahlen zur Prüfung der Verfolgung dieser Ziele in allen Perspektiven wird die Balance gesucht zwischen der Messung tatsächlicher Ergebnisse – deren Messung zwar einfach und damit auch objektivierbarer, aber eben immer auch vergangenheitsorientiert ist – und der Messung von Einflussgrößen, die künftige Ergebnisse bestimmen werden – dieser Zusammenhang aber immer von Annahmen abhängig ist. Wir können diesen Schritt auch als die erste Balance in der Unternehmenssteuerung bezeichnen.
Mit Blick auf die eben genannten Kennzahlen lässt sich eine zweite Unterscheidung formulieren: Steuerungsgrößen dienen der Darstellung der Unternehmensentwicklung; sie messen also, wo sich das Unternehmen auf dem Weg der Strategieumsetzung befindet. Analysegrößen dienen der Beobachtung des relevanten Umfelds und geben damit

Hinweise für die weitere Entwicklung der Strategie. Strategie ist nach Mintzberg als Prozess zu definieren und der Regelkreis des Strategieprozesses kann mit folgenden vier Elementen beschrieben werden:

- Formulierung eine Vision und einer Strategie.
- Kommunikation und Verknüpfung der Strategie.
- Planung und Zielvorgaben.
- Strategisches Feedback und Lernen.

Die Balanced Scorecard als Tool bietet den Handlungsrahmen, mit dem dieser Prozess in der Organisation umgesetzt werden kann.
Für die Kommunikation in das Unternehmen hinein (zur Kommunikation vgl. dazu 8. Gebot) leistet die Balanced Scorecard durch ihre klare Beschränkung auf die wesentlichen Einflussfaktoren einen unschätzbaren Beitrag zur notwendigen Komplexitätsreduktion. Und betrachtet man in diesem Prozess etwa modellhaft die Einflüsse, die auf die Strategiefindung wirken dann wird hier nochmals deutlich, dass bei der Zielsetzung einer ethischen Unternehmensführung die betreffenden Kriterien in dem Strategieprozess implementiert werden müssen, weil dort die grundsätzliche Ausrichtung der Organisation definiert wird. Auf diese Weise lässt sich das System der Balanced Scorecard als Steuerungsinstrument mit ethischen Zielen und entsprechenden strukturellen wie habituellen Konsequenzen verbinden: Die Strategie beschreibt, wie die Organisation ihre Ziele erreichen will und eben diese Ziele sind in der BSC ja abgebildet. Die Unternehmenskultur als das habituelle Element der Organisation wird heute ja gerade als immaterieller Vermögenswert begriffen, der durch das BSC-System in die Steuerungslogik eingebunden wird. Regeln finden sich in den Prozessen wieder, die grundsätzlich durch Qualitätsmanagementsysteme gesteuert werden; der BSC-Ansatz schafft durch das Herausgreifen der im Sinn der Strategie kritischen Kernprozesse die entsprechende Verbindung zum Qualitätsmanagement.
Ein noch tieferes Verständnis der Strategie – und damit auch für alle vier Elemente des Strategieregelkreises – lässt sich durch die vertikale statt horizontale Anordnung der Perspektiven einer Scorecard erzielen: Zum einen wird

in einer Wertentscheidung das Oberziel der Organisation hervorgehoben. Das wird in wirtschaftlichen Organisationen regelmäßig die Finanzperspektive sein; bei sozialen oder kulturellen Organisationen ist häufig eine andere Perspektive anzutreffen. Zum anderen werden die übrigen Perspektiven in eine Kausalkette gesetzt: Welche Ursachen müssen durch das Handeln in der Lern- und Entwicklungs-, Prozess- und Kundenperspektive gesetzt werden, um wiederum in Prozess-, Kunden- und Finanzperspektive die geplanten Wirkungen zu erreichen? Damit entwickelt sich die Balanced Scorecard zur Strategy Map.

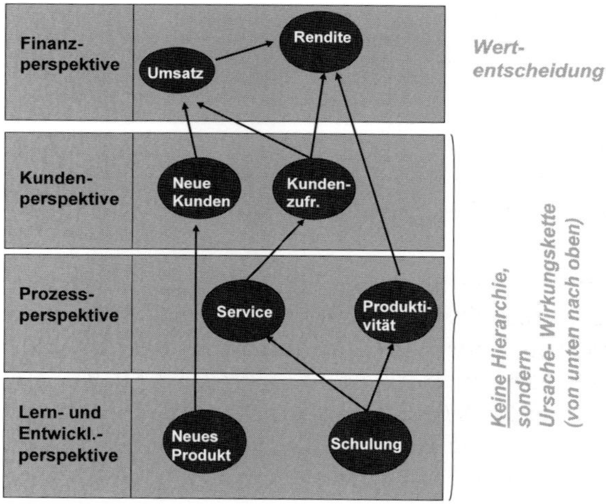

Abb.: vereinfachtes Beispiel einer Strategy Map (in Anlehnung an Kaplan/Norton 2004, S. 13)

In der vereinfachten Abbildung wurden die Perspektiven entsprechend dem üblichen Schema einer Strategy Map dargestellt; das entspricht, wie auch die Pfeile zeigen, zum einen üblichen Kausalzusammenhängen, als auch einer Fristigkeit des Handelns: Durch Maßnahmen in der Lern- und Entwicklungsperspektive werden die langfristigen Voraussetzungen für die weitere Unternehmensentwicklung (Entwicklung der immateriellen Vermögenswerte) geschaffen; auf der Basis dieser Entwicklungen lassen sich dann die Prozesse und/oder Kundenbeziehungen weiterentwi-

ckeln usw. Die Strategy Map stellt also nicht alle möglichen Wirkungszusammenhänge dar, sondern konzentriert sich auf die wesentlichen Kausalitäten, auf deren Wirkung bzw. Wirkungsannahmen das Unternehmen seine Strategie aufbaut.
Der Schritt in die Vertikalen zeigt in nochmals in einer anderen Weise die Bedeutung des „Balanced“ in Balanced Scorecard: Es geht nicht per se um die Ausgewogenheit verschiedener Perspektiven, sondern es geht um eine ausgewogene Strategie: Nur wenn das Unternehmen in allen Bereichen seiner für die Geschäftsentwicklung wesentlichen Eckpunkte die Entwicklung steuert, wird ein nachhaltiger Erfolg erzielbar sein.

Fazit

Damit kann die Funktionsweise der Balanced Scorecard im hier vorgestellten Kontext folgendermaßen zusammengefasst werden:

- Komplexitätsreduktion: Die BSC bildet nicht die gesamte komplexe Welt, sondern die gewünschte Vorgehensweise einer Organisation ab.
- Prioritätensetzung: Die BSC bildet nicht das Gesamtsystem der Organisation ab, sondern konzentriert sich auf die für den Erfolg kritischen Einflussfaktoren.
- Wenn aber eine Organisation ethische Unternehmensführung implementieren will und sich dafür an den Dekalog – also etwas Heiliges – rückbindet, dann müssen sich die ethischen Handlungsprinzipien gerade auf die wesentlichen Handlungspfade der Organisation auswirken. Ethisches Management muss sich also in der Strategie niederschlagen.
- Prozesshaftigkeit: Die BSC stellt die Strategie als Prozess dar. Mit der Einbindung ethischer Kriterien in die BSC wird damit auch sichergestellt, dass sich die Weiterentwicklung der Strategie an diesen Prinzipien orientiert.
- Strategy Map: Die Darstellung der angenommenen wesentlichen Wirkungszusammenhänge führt zu einer Plausibilitätskontrolle der strategischen Überlegungen

und einer Ausgewogenheit im Sinn der nachhaltigen Unternehmensentwicklung.

Die Implementierung von ethischem Management mit der Balanced Scorecard

Für die Umsetzung dieser Überlegungen in Organisationen ist zu prüfen, ob die betreffende Organisation bereits ein explizites Strategiemanagement implementiert hat. Ist dies der Fall, so ist in einer Lernphase zunächst eine Verständigung über die ethischen Kriterien, wie sie in diesem Buch vorgestellt wurden, durchzuführen. Anschließend ist im Sinn eines Reviews der bisherigen Strategie zu prüfen, ob diese mit diesen Kriterien kompatibel ist (das wäre die begrenzende Aussage) bzw. die Beschäftigung mit den Kriterien auch neue strategische Ansatzpunkte offenbart (positive Aussage). Soll auch das strategische Steuerungssystem neu implementiert werden, laufen beide Prozesse parallel. Vom Grundansatz her kann aber auch der im ersten Fall zu betreibende Strategiereview in die gleichen Phasen eingeteilt werden wie die Grundentwicklung; die einzelnen Phasen können dann in der Regel schneller absolviert werden.

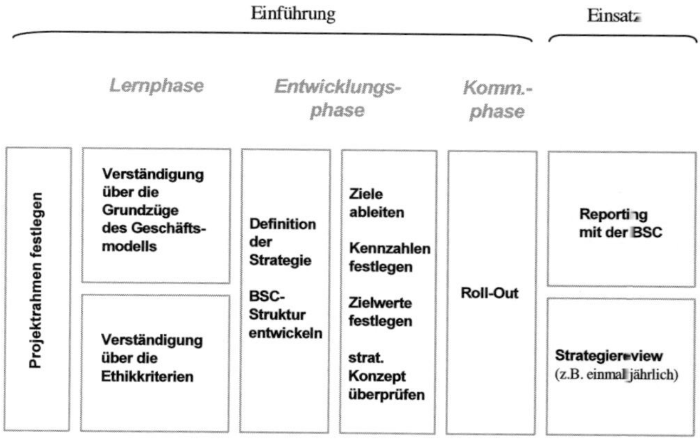

Abb.: Implementierungsmodell (in Anlehnung an Horváth, S. 82).

Literatur

Franz, K.-P., in: Dörner, D./ Horváth, P. / Kagermann, H.: Praxis des Risikomanagements, Stuttgart, 2000.
Horváth & Partners (Hrsg.): Balanced Scorecard umsetzen, Stuttgart, 2004.
Kaplan, R. S. /Norton, D. P.: Using the Balanced Scorecard as a Strategic Management System, Harvard Business Review Jan-Feb 1996, S. 77.
Kaplan, R. S. / Norton, D. P.: Balanced Scorecard, Stuttgart, 1997.
Kaplan, R. S. / Norton, D. P.: Strategy Maps, Stuttgart, 2004.
Luhmann, N.: Einführung in die Systemtheorie, 3. Aufl., Heidelberg, 2006.
Mintzberg, H.: Crafting Strategy, in: Harvard Business Review Vol. 65, 1987.
Porter, M. E.: Wettbewerbsstrategie, 10. Aufl., Frankfurt/ New York, 1999.

Verzeichnis der Autorinnen und Autoren

Prof. Dr. jur. *Christopher Beermann* ist Professor für Rechtswissenschaft an der Katholischen Hochschule Nordrhein-Westfalen, Abteilung Paderborn, Fachbereich Sozialwesen. Anschrift: Leostraße 19, 33098 Paderborn.

Prof. Dr. theol. *Rainer Dillmann* ist Professor i. R. für Biblische Theologie, Einleitungswissenschaften und Exegese des At und NT an der Katholischen Hochschule Nordrhein-Westfalen, Abteilung Paderborn, Fachbereich Theologie.

Martin Engelbrecht ist Diplom-Betriebswirt, Vorstand der LBU Systemhaus AG und Kooperationspartner Beratung des Instituts DekaCert.

Prof. Dr. med. Dr. phil. *Martin Hörning* ist Arzt, Dekan und Professor für Sozialmedizin an der Katholischen Hochschule Nordrhein-Westfalen, Abteilung Paderborn, Fachbereich Sozialwesen.

Prof. Dr. theol. *Elisabeth Jünemann* ist Gründerin des wissenschaftlichen Institutes DekaCert und Professorin für Theologische Anthropologie und Theologische Ethik an der Katholischen Hochschule Nordrhein-Westfalen, Abteilung Paderborn, Fachbereich Sozialwesen.

Prof. Dr. rer. pol. *Gerhard Kilz* ist Professor für Verwaltungsrecht und Sozialrecht an der Katholischen Hochschule Nordrhein-Westfalen, Abteilung Paderborn, Fachbereich Sozialwesen.

Prof. Dr. phil., *Albert Lenz* ist Dipl.-Psychologe und Professor für Klinische Psychologie und Sozialpsychologie an der Kath. Hochschule Nordrhein-Westfalen, Abteilung Paderborn, Fachbereich Sozialwesen.

Prof. Dr. theol. *Kai G. Sander* ist Dipl.-Theologe und Professor für Dogmatik und Fundamentaltheologie an der Katholischen Hochschule Nordrhein-Westfalen, Abteilung Paderborn, Fachbereich Theologie.

Prof. Dr. phil., Lic. theol., *Werner Wertgen* ist Dipl.-Theologe und Professor für Theologische Ethik: Moraltheologie/ Sozialethik an der Katholischen Hochschule Nordrhein-Westfalen, Abteilung Paderborn, Fachbereich Theologie.